ELGOLAZO BOOKS
サッカー新聞エル・ゴラッソ編集

親子で学ぶ
サッカー世界図鑑
(せかいずかん)

ロシアW杯編

SQUAD

目次 ヨーロッパ　南米

8-13　ロシア
14-17　ドイツ
18-21　ポーランド
22-25　ベルギー

26-29　フランス
30-33　イングランド
34-37　スペイン

38-41　ポルトガル
42-45　セルビア
46-47　クロアチア

48-49　スイス
50-51　スウェーデン
52-53　デンマーク

54-55　アイスランド
58-61　ブラジル
62-65　ウルグアイ

北中米カリブ海　アフリカ　アジア

78-81　メキシコ
82-83　コスタリカ
84-85　パナマ

88-91　エジプト
92-93　モロッコ
94-95　チュニジア

96-99　ナイジェリア
100-101　セネガル
104-107　日本

66-69　アルゼンチン
70-73　コロンビア
74-75　ペルー

108-109　韓国
110-111　イラン
112-113　サウジアラビア
114-115　オーストラリア

【特集】　116-117　2018年ロシアW杯組分け・展望
　　　　　118-119　世界サッカー地図

サッカーの中に隠れた世界の国々の社会や文化を見つけよう!

2018年にロシアでW杯が開催される。ロシア大会のエンブレムを見てみると、金色と赤で彩られたトロフィーの中に、キラリと光る星が見える。この星は、いったい何を意味しているのだろう。

サッカーは1800年代後半にイギリスで生まれ、世界最古のクラブと言われるイングランドのシェフィールドFCは、2017年に創立160週年を迎えた。その160年という歴史の中で、サッカーは世界中に広がり、それぞれの国の社会や文化を吸収しながら、各地で発展してきた。サッカーのスタイルやユニフォームの色、チームの愛称やエンブレムには歴史や文化、地理がたくさん詰まっている。だから代表チームのサッカーを解剖し、よく観察してみると、その国のいろいろなものが見えてくるのだ。

ロシアW杯に出場するのは32カ国。

さあ、サッカーの中に隠れたそれぞれの国の社会や文化を見つけてみよう。

この本の見かた

① ページ下部トピックスの番号と対応
② あたり1,000万人
③ 国の基礎情報
④ ページ上部の写真の番号と対応
⑤ 代表チームの基礎情報
⑥ 2017年10月16日発表のFIFAランキング
⑦ W杯優勝回数
⑧ 2014 W杯不出場 / 2014 W杯出場 / 2014 W杯優勝
⑨ 国内リーグの主なクラブチーム 国内サッカーのトピックス
⑩ 国旗、国章の説明 サッカー協会のトピックス
⑪ 主な名産品、料理、動物、建築など
⑫ 地図 ●首都 ○都市 各都市のクラブエンブレム

FIFA WORLD CUP
SSIA 2018

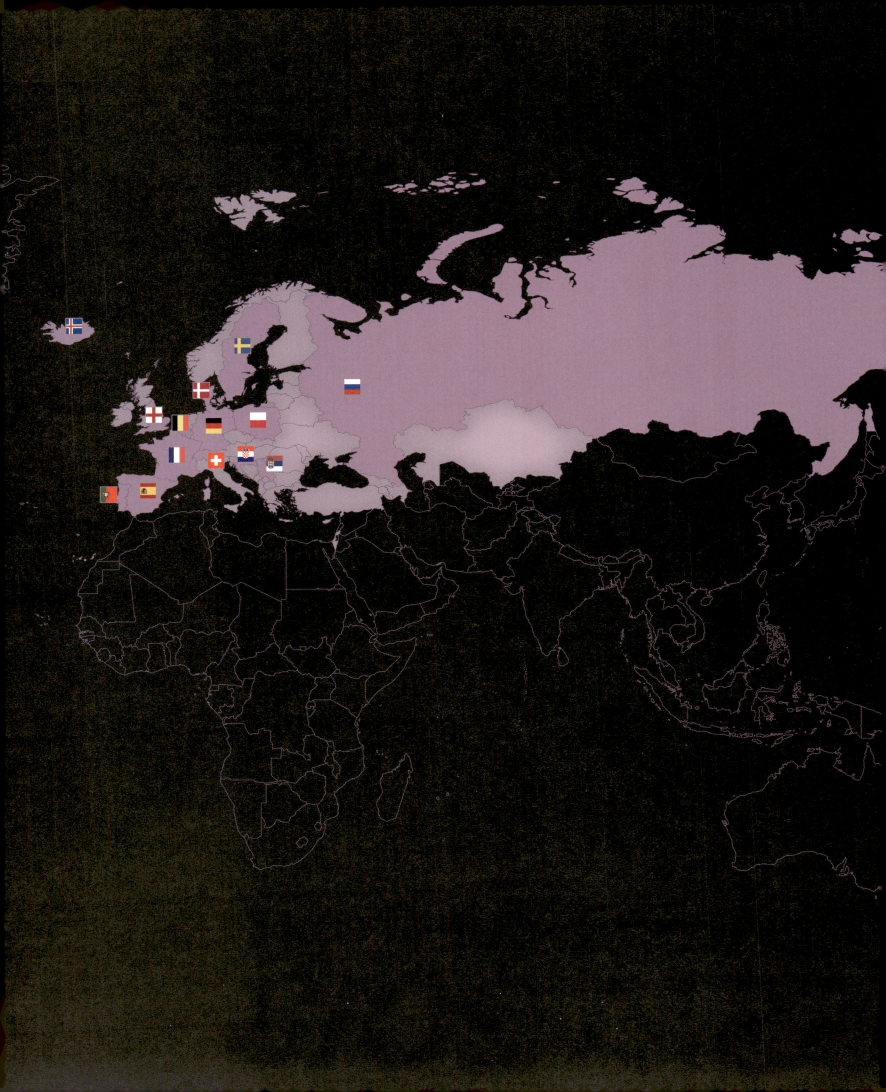

EUROPE

- 🇷🇺 ロシア
- 🇩🇪 ドイツ
- 🇵🇱 ポーランド
- 🇧🇪 ベルギー
- 🇫🇷 フランス
- 🏴󠁧󠁢󠁥󠁮󠁧󠁿 イングランド
- 🇪🇸 スペイン
- 🇵🇹 ポルトガル
- 🇷🇸 セルビア
- 🇭🇷 クロアチア
- 🇨🇭 スイス
- 🇸🇪 スウェーデン
- 🇩🇰 デンマーク
- 🇮🇸 アイスランド

EUROPE
9

大国の威信をかけて。世界を迎え撃つロシア

　かつてロシアはソビエト連邦という巨大な国家で、軍事力や他国への影響力でアメリカと世界を二分した超大国だった。宇宙開発でもアメリカと熾烈な競争を繰り広げ、人類で初めて有人宇宙飛行を達成するなど輝かしい過去の実績を持っている。今回、ロシアW杯を開催するにあたって作られた大会エンブレムにも、宇宙開発を表すデザインが盛り込まれている。
　また、ソ連時代は国の力を周囲に示すためにスポーツにも力を入れ、サッカーにおいては、W杯で上位の常連国だった時期もある。欧州選手権の初代王者であり、五輪では金メダル2回、銅メダル3回と輝かしい成績を誇った。
　しかし、次第に経済が行き詰まると、1991年にソ連は崩壊し、ロシア連邦という国になった。いくつかの地域が独立していき、また、体制が大きく変わったことで国の力が落ち込んでしまい、サッカーの成績も低迷した。2000年代以降は復調してきたが、超大国としての圧倒的な影響力、存在感を取り戻そうとしているところだ。そんな中で迎える自国開催のW杯。2018年、ロシア代表は国家の威信をかけて世界を迎え撃つ。

EUROPE 10 ロシア

ソ連からロシアへ。サッカーを取り巻く環境も変化

第2次世界大戦後に超大国となったソビエト連邦。国力を示すため、スポーツにも力を注いだが、プロ選手は存在しなかった。社会主義という国家のシステムの中、チームの母体は国営の警察や軍などで、優れた選手は国から報酬をもらいながら競技に専念していたのだ。伝説的GKレフ・ヤシンらが他国のプロクラブへ移籍できなかったのもこのためだった。経済が弱まり、1991年にソ連が崩壊すると、海外でプレーする選手が生まれた。しかし、近年のロシアは豊かな国土で採れる石油や天然ガスを背景に、経済力を回復。国内リーグも年俸が高くなったため、ロシア人選手はあまり海外リーグへと出ていかなくなっている。

日本との時差
−6時間
サマータイムは未採用

日本からの距離
約7,500km（飛行機で約10時間）

面積
1,709万8,246平方km（日本の約45倍）

人口
1億4,650万人

言語
ロシア語が公用語。各共和国などでは民族語と併用

住民
約200の民族。ロシア人81%、タタール系3.9%、ウクライナ系1.4%、バシキール系1.2%、チュワシ系1.1%など

首都・モスクワ
政治・経済の中心。欧州で人口最多の都市

通貨
ルーブル（1ルーブル＝約2円）

国内総生産／GDP
約143兆6,751億円（世界12位）

FIFAランキング 65位

サッカー人口 580万2,536人
欧州選手権 出場5回 最高成績 ベスト4
代表チーム愛称 ズボルナヤ（代表）

W杯（ロシア代表）
出場 3回　最高成績 GS敗退

1930	1934	1938	1950	1954
1958	1962	1966	1970	1974
1978	1982	1986	1990	**1994**
1998	**2002**	2006	2010	**2014**

1 『黒蜘蛛』や『ウクライナの矢』名選手を輩出したソ連代表
『黒蜘蛛』とよばれた、GK唯一のバロンドール受賞者レフ・ヤシン（上写真）や、俊足と得点力から『ウクライナの矢』とよばれたオレグ・ブロヒン（下写真）などを輩出したソ連。当時、ウクライナはソ連の一部だった。

2 資本主義と社会主義 冷戦とは主義の対立
資本主義とは「自由に競争して発展しよう」という考え方。社会主義とは「国の計画の元、平等に発展しよう」という考え方。この二つの主義の対立が冷戦だ。資本主義の筆頭がアメリカで、社会主義の筆頭がソ連。当時はヨーロッパも二分された。（右図、青が資本主義、赤が社会主義）

3 宇宙開発でもアメリカと競争 人類初の有人宇宙飛行を達成したのはロシア
1961年に人類初の有人宇宙飛行を達成したソ連。飛行士のユーリ・ガガーリンは「地球は青かった」という名言を残した。ちなみに、初めて月面着陸を達成したのはアメリカだ。

4 ディナモ・モスクワ 1945年、伝説のイギリス遠征
1945年、ディナモ・モスクワがソ連のクラブとして初めてイギリスに遠征し、アーセナルなどの強豪に勝った。社会主義国だったため、それまで他国との交流が少なかったソ連のクラブの強さに、世界が衝撃を受けた。

5 強かったソ連代表の輝かしい実績
冷戦下には、国力を示すためにスポーツにも力を入れたソ連。欧州選手権では優勝1回、準優勝3回、五輪では金メダル1回、銅メダル3回の成績を残している。

RUSSIA
ロシア連邦

EUROPE 11

元祖・落ちゲー『テトリス』
1980年代末から1990年代初めにかけて、世界各国で大流行したコンピューターゲーム。開発したのはソ連の科学者だ。

国旗 ソ連崩壊を機に、ロシア帝国時代の3色旗に戻したもの。スラブ民族の色とされる白、青、赤で構成。

国章 ロシア帝国の紋章に由来し、西洋と東洋にまたがることを示す『双頭の鷲』が描かれている。

サッカー協会 1992年にソビエト連邦サッカー連盟を継承。かつてはW杯4位、欧州選手権優勝などの結果を残した。

主なクラブ

FCスパルタク・モスクワ
国内最多優勝の強豪。チーム名は古代ローマの剣闘士『スパルタクス』に由来。

FCロコモティフ・モスクワ
クラブ名の『ロコモティフ』は機関車という意味。ロシアの鉄道会社が母体。

FCゼニト・サンクトペテルブルク
ロシアの天然ガス独占企業ガスプロムの資金力で強化を図る人気クラブ。

PFC CSKAモスクワ
最大のライバルはFCスパルタク・モスクワ。過去には本田圭佑もプレーした。

FCディナモ・モスクワ
歴史上GKで唯一のバロンドールであるレフ・ヤシンが長年プレーした名門。

FCルビン・カザン
ロシア連邦内タタールスタン共和国に本拠地。2008、2009年にリーグ戦連覇。

試合のために国内で往復1万km?
世界一国土の広いロシアでは国内リーグの移動も一苦労。東の端のほうにあるFCルチ・エネルギア・ウラジオストクが1部に所属していた2006〜2008年には、往復1万km以上の移動を強いられることもあった。

6 ソ連からロシアまで活躍した『皇帝』モストボイ

1991年のソ連崩壊後はサッカーも低迷したが、そんな時代に代表を支えた一人がアレクサンドル・モストボイ。ソ連、ロシアの両代表でプレーし、そのエレガントなプレーから『皇帝』とよばれた。ちなみにロシアで皇帝といえば、ロマノフ王朝の皇帝が作らせたインペリアル・イースター・エッグ(左写真)という芸術品も有名。宝石が装飾され、現在の価値で数十億円のものも。

7 現在は大統領府 モスクワのクレムリン

ロシアでは中世に建てられた城塞のことをクレムリンとよぶが、最も壮大で有名なのがモスクワのクレムリン。ソ連時代には国家の主要機関が置かれ、現在も大統領府や大統領官邸となっている。ウラジーミル・プーチン大統領(右写真)もここで仕事をしている。

8 石油と天然ガス 面積世界一の国土に眠る天然資源

石油と天然ガスの産出量が世界トップクラスのロシア。この輸出によって大きな利益を得ている。輸送用にヨーロッパ諸国まで続く長いパイプラインも敷かれている。

9 いよいよ2018年W杯開催 ロシアは強豪国に返り咲けるか

経済でもサッカーでも復活の兆しを見せるロシア。自国開催のW杯で躍進し、"強いロシア"を示せるか。代表メンバーにはフョードル・スモロフら国内組が多く、地の利は十分だ。

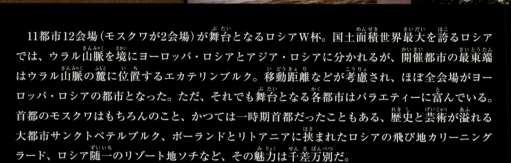

　11都市12会場（モスクワが2会場）が舞台となるロシアW杯。国土面積世界最大を誇るロシアでは、ウラル山脈を境にヨーロッパ・ロシアとアジア・ロシアに分かれるが、開催都市の最東端はウラル山脈の麓に位置するエカテリンブルク。移動距離などが考慮され、ほぼ全会場がヨーロッパ・ロシアの都市となった。ただ、それでも舞台となる各都市はバラエティーに富んでいる。首都のモスクワはもちろんのこと、かつては一時期首都だったこともある、歴史と芸術が溢れる大都市サンクトペテルブルク、ポーランドとリトアニアに挟まれたロシアの飛び地カリーニングラード、ロシア随一のリゾート地ソチなど、その魅力は千差万別だ。

面積世界最大を誇る大国

1 Moscow
モスクワ
人口 1,230万人　6月平均気温 約17℃

世界屈指の大都市。ロシアの政治・経済・文化の中心

　モスクワはロシアの首都で、1,230万人が暮らす大都市。決勝は新しくなったルジニキスタジアム（写真）で開催される。世界遺産に登録されているクレムリンと赤の広場や、カラフルで鮮やかな聖ワシリイ大聖堂、ボリショイ劇場など、美しい建築や文化的建造物も多い。

2 Nizhny Novgorod
ニジニ・ノブゴロド
人口 120万人　6月平均気温 約17℃

ボルガ川を見下ろす美しき城塞都市

　ロシアを流れる大河ボルガ川とオカ川の合流点にあり、古くから商業が栄えたニジニ・ノブゴロド。大きな見本市も開かれ、海外の商人や多くの富を街にもたらした。ボルガ川を見下ろす丘の上に築かれた城塞都市でもあり、ロシアで最も美しい都市の一つとも言われる。

3 Kazan
カザン
人口 120万人　6月平均気温 約18℃

歴史と活気が交錯する異文化の街

　カザンはロシア連邦を構成するタタールスタン共和国の首都。1,000年以上の歴史を持つ古都だが、多くの大学や教育機関が集まる若者の街でもある。タタール人の主な宗教はイスラム教だ。クリシャリフ・モスク（写真）という美しいモスクがある。

4 Saransk
サランスク
人口 30万7,000人　6月平均気温 約19℃

古くからの伝統が息づく小都市

　サランスクはロシア連邦を構成するモルドビア共和国の首都。何世紀にもわたってこの地域に住んできたエルジャ人とモクシャ人の言語と文化を大切にしている街。モルドビアにルーツを持つロシアの有名な電ーフョードル・ウシャーコフの大聖堂（写真）が街のシンボル。

5 Samara
サマーラ
人口 110万人　6月平均気温 約20℃

かつて第2の首都だった宇宙産業の中心地

　サマーラは、第二次世界大戦中には政府がモスクワから避難して第二の首都となった街。ボルガ川の河畔にあり、現在ではこの川岸の景観の美しさが有名。また、宇宙産業の中心地でもあり、ロケットの開発などが行われているほか、国立航空宇宙大学などがある。

6 Ekaterinburg
エカテリンブルク
人口 140万人　6月平均気温 約17℃

ロシアW杯最東の都市。ウラルの中心地

　エカテリンブルクはヨーロッパとアジアを分けるウラル山脈の麓に位置し、今回のロシアW杯開催都市で最も東にある街。ロシアで4番目の人口を有している。効率的な交通システムと優れた空港などを備えた近代的な都市で、交通の要衝でもある。

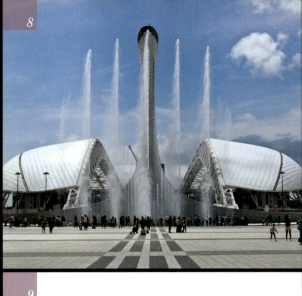

の中のヨーロッパ・ロシアが舞台(ぶたい)

ロシアW杯開催都市

都市	スタジアム	収容人数	ホームチーム
モスクワ	ルジニキ・スタジアム	8万1,006人	ロシア代表
モスクワ	スパルタク・スタジアム	4万3,298人	FCスパルタク・モスクワ
ニジニ・ノブゴロド	ニジニ・ノブゴロド・スタジアム	4万5,331人	FCオリンピエッツ・ニジニ・ノブゴロド
カザン	カザン・アリーナ	4万4,779人	FCルビン・カザン
サランスク	モルドビア・アリーナ	4万4,442人	FCモルドビア・サランスク
サマーラ	サマーラ・アリーナ	4万4,807人	PFCクリリヤ・ソベトフ・サマーラ
エカテリンブルク	エカテリンブルク・アリーナ	3万5,696人	FCウラル・スベルドロフスク・オブラスト
ボルゴグラード	ボルゴグラード・アリーナ	4万5,568人	FCロートル・ボルゴグラード
ソチ	フィシュト・スタジアム	4万7,700人	-
ロストフ・ナ・ドヌ	ロストフ・アリーナ	4万5,145人	FCロストフ
カリーニングラード	カリーニングラード・スタジアム	3万5,212人	FCバルチカ・カリーニングラード
サンクトペテルブルク	サンクトペテルブルク・スタジアム	6万8,134人	FCゼニト・サンクトペテルブルク

ロシアW杯開催(かいさい) 全11都市

8 Sochi
ソチ
人口 40万1,000人 | 6月平均気温 約22℃

冬季五輪も開催された ロシア随一のリゾート地

2014年の冬季五輪開催時のメインスタジアムをW杯でも使用。ロシアで最も人気のあるリゾート都市。黒海に面している上に、背後には世界遺産に登録されている西コーカサスの山々が広がるため、海水浴から雪山でのスキーまでさまざまなアクティビティーが楽しめる。

10 Kaliningrad
カリーニングラード
人口 45万9,000人 | 6月平均気温 約15℃

ドイツ人が作った ロシアの飛び地

カリーニングラードはポーランドとリトアニアに挟まれたロシアの飛地。もともとはドイツ人に建設された都市で、1946年まではケーニヒスベルクとよばれていた。いまだにその名を残すケーニヒスベルク大聖堂(写真)が有名。ポーランド同様、琥珀の一大生産地でもある。

7 Volgograd
ボルゴグラード
人口 100万人 | 6月平均気温 約23℃

第2次世界大戦の 転換点(てんかんてん)となった英雄都市

かつてはスターリングラードとよばれ、第2次世界大戦の激戦地だったボルゴグラード。その大戦勝利の転換点となった攻防戦を記念して建てられた『母なる祖国像』(写真)は街のシンボルで市内のどこからでも見ることができる。現在はロシアの重要な産業都市となっている

9 Rostov-on-Don
ロストフ・ナ・ドヌ
人口 110万人 | 6月平均気温 約23℃

ドン川にある、 商業・文化の中心地

ドン川の河岸に位置する美しい街。本来の名前は『ロストフ』で、『ナ・ドヌ』とは『ドン川にある』という意味。水運を使った貿易で繁栄した商業の中心地であり、有名な劇作家アントン・チェーホフを輩出するなど、文化面でも豊かな伝統を持っている。

11 Saint Petersburg
サンクトペテルブルク
人口 520万人 | 6月平均気温 約16℃

世界最北の100万都市。 世界を魅了する芸術の都

世界遺産に登録される美しい町並みや、壮麗なエルミタージュ美術館(写真)、バレエ、オペラ、オーケストラなどさまざまな質の高い芸術を楽しめるヨーロッパ屈指の文化都市。サンクトペテルブルク・スタジアムは、豊田スタジアムなどの建築家 黒川紀章によって設計された

GERM

「伝統＋最新テクノロジー」で、世界のトップを走るドイツ

　ドイツが、サッカーと工業で世界の最先端を走っている。

　もともとドイツはサッカーの強豪国だった。力強いプレーとタフな走力を持ち味とし、選手それぞれが強い責任感で自分の役割をまっとうして試合を完結させる。1990年までにW杯で3度も優勝した。『ゲルマン魂』とよばれるあきらめない姿勢、強い精神力も相手国に恐れられていた。

　しかし、世界中でサッカーが進化すると、それだけでは勝てない時代がやってきた。1990年のイタリアW杯を最後に、優勝から遠ざかる。そこで、サッカー界は改革に着手した。ドイツはもともと自動車や機械、化学・製薬の分野で高い工業力を世界に誇る国で、近年はさらに生産力を高めるため、テクノロジーを駆使している。そうした最先端の技術や科学力を、サッカーにも取り入れたのだ。選手のコンディションや試合中の動きを最新テクノロジーで分析し、試合に生かした。その結果、圧倒的な強さで2014年のブラジルW杯を制し、世界の人々を驚かせた。その後も進化は止まっていない。伝統の力強さ、勝負強さに最先端のテクノロジーの力が加わったドイツ代表は、いま黄金期を迎えている。

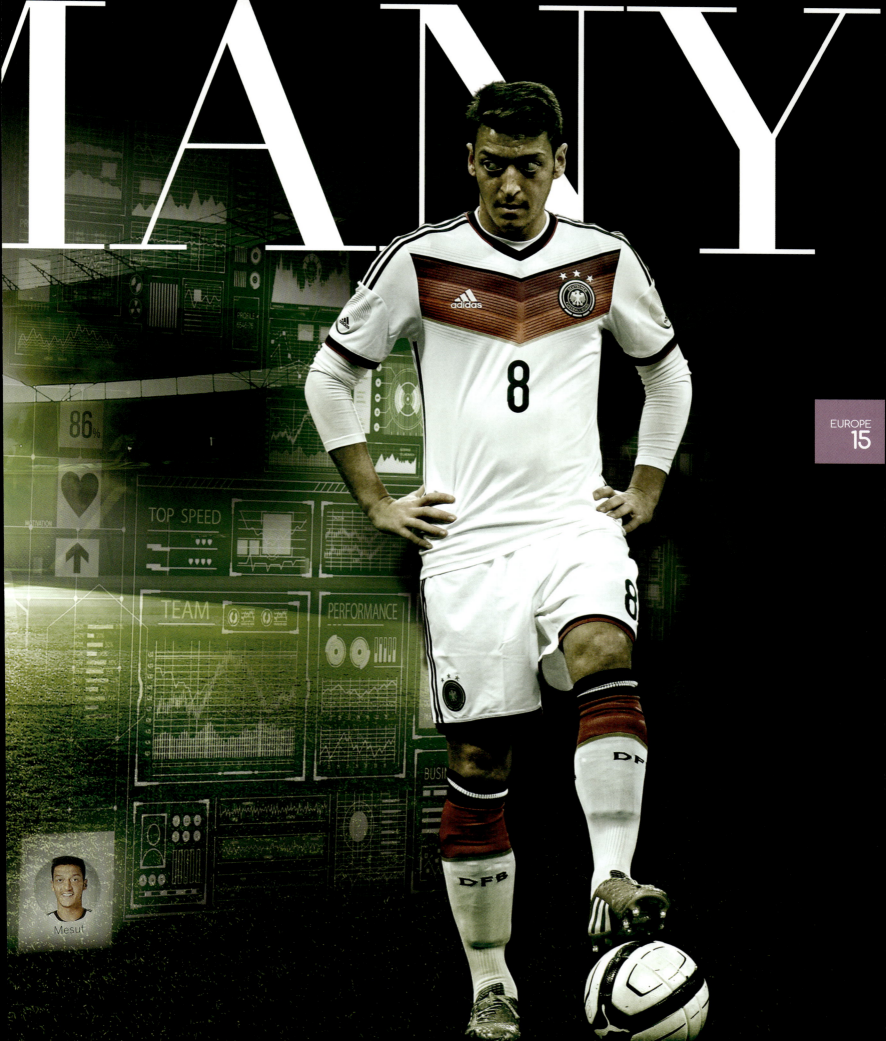

ドイツ

EUROPE 16

多くの苦難を乗り越えて世界一に返り咲いた工業国の底力

ドイツ西部を流れるライン川下流域に広がるルール地方は、19世紀以降、ヨーロッパ最大の工業地帯として発展してきた。第2次世界大戦での敗戦後、ドイツは国内が東西に分断されたが、ルール工業地帯がある西ドイツは奇跡的な復興を遂げ、サッカーにおいては、3度のW杯優勝を果たした。東西統一後には低迷期も経験するが、改革に着手し、自国で開催した2006年のW杯を機に国内のスタジアム環境も整備。その結果、ブンデスリーガは世界トップレベルに返り咲き、ドイツが世界に誇る自動車産業同様、国際的な競争力を獲得。現在は世界をリードする最先端のデータ分析技術などもサッカーに取り入れ、2014年にはW杯でも世界一に返り咲いた。

基本データ

- **日本との時差**: −8時間（サマータイムは−7時間）
- **人口**: 8,068万2,000人
- **言語**: ドイツ語
- **住民**: ゲルマン系。東欧、トルコなどの外国系住民が人口の10.6％を締める
- **首都**: ベルリン（かつてはベルリンの壁で東西に分かれていた）
- **通貨**: ユーロ（1ユーロ＝約132円）
- **国内総生産/GDP**: 約388兆1,712億円（世界4位）
- **日本からの距離**: 約9,000km（飛行機で約12時間）
- **面積**: 35万7,376平方km（日本の約94％）

サッカーデータ

- **FIFAランキング**: 1位
- **サッカー人口**: 1,630万8,946人
- **欧州選手権**: 出場12回　最高成績 優勝（3回）
- **代表チーム愛称**: マンシャフト（チーム、集団）
- **W杯**: 出場18回　最高成績 優勝（4回）

1930 / 1934 / 1938 / 1950 / **1954**
1958 / 1962 / 1966 / 1970 / **1974**
1978 / 1982 / 1986 / 1990 / **1994**
1998 / 2002 / 2006 / 2010 / **2014**

1　ライン川の二つの顔。工業地帯と観光名所

ドイツ西部を流れるライン川下流域にはルール工業地帯が広がるが、少し上流に遡れば、古城が点在する風光明媚な景観が広がり、観光地として人気がある。

2　ドイツの重工業を牽引したルール工業地帯
ルール炭田の存在とライン川沿いという水運に適した立地が、主な発展理由だ。

3　アドルフ・ヒトラー率いるナチスドイツが1939年にポーランド侵攻。第2次世界大戦の始まり
ドイツでジェットエンジンやロケット兵器が開発されたのはこの時期。皮肉なことだが、戦争が科学力を押し進めたという側面もある。

4　東西に分断されたドイツ。ベルリンの壁

第2次大戦後のドイツは、西側（資本主義）と東側（社会主義）に分断され、国境も封鎖。首都ベルリンも東西に分断されたが、ベルリン自体は東ドイツ内にあったため、東ドイツから西ベルリンへ脱出する人の増加を防ぐために、西ベルリンを囲む壁が築かれた。

5　W杯を3度制した西ドイツ代表

代表チームもかつては西と東に分かれていて、西ドイツが強かった。1974年W杯ではベッケンバウアー（左写真）が、90年のイタリアW杯ではマテウス（上写真）が中心。

6　2006年のW杯開催で近代的なスタジアムを建設
2006年のW杯開催を機に国内のサッカー環境を整備。これが低迷していたドイツサッカー復活の一因になった。

GERMANY
ドイツ連邦共和国

EUROPE 17

ビール大国ドイツの地ビールとサッカー
どの街にも独自の地ビールがあるというビール大国ドイツ。多くのビール会社が地元クラブのスポンサーになっており、各スタジアムで地ビールが売られている。

国旗 ワイマール共和国や西ドイツと同様の国旗を継承。黒は勤勉と力、赤は熱血、金(黄)は名誉を表す。

国章 黒い鷲がモチーフ。鷲は勇猛果敢さと力、無敵の象徴として歴代の権力者に好まれた。

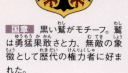

サッカー協会 線が一部切れた正三角形を3つ組み合わせて、「DFB(ドイツ語でドイツサッカー連盟の略)」のロゴに。

主なクラブ

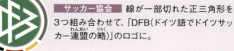

ヘルタ・ベルリン
チーム名の『ヘルタ』は、創設者が乗っていた蒸気船に由来。原口元気が所属。

ハンブルガーSV
チーム名の『SV』はスポーツクラブという意味。酒井高徳、伊藤達哉が所属。

FCバイエルン・ミュンヘン
国内最多優勝、欧州チャンピオンズリーグでも5度の優勝を誇る世界的名門。

アイントラハト・フランクフルト
「アッティラ」という名の本物の鷲がマスコット。長谷部誠、鎌田大地が所属。

1.FCケルン
かつて奥寺康彦が活躍し、リーグ優勝に貢献した。現在は大迫勇也が所属。

VfBシュトゥットガルト
2016-17シーズンに2部で優勝し、1部に復帰。浅野拓磨が所属している。

ボルシア・ドルトムント
1試合の平均観客動員数は世界で一番多い約8万人。香川真司が所属。

---

7 工業大国ドイツを象徴する自動車産業もサッカーをサポート
自動車産業が盛んなドイツ。フォルクスワーゲンはヴォルフスブルク、アウディはバイエルン・ミュンヘンなど、有名メーカーがブンデスリーガ・クラブのスポンサーになっている。

9 最先端技術の国際見本市も開催
IT分野における最先端技術でも世界をリードするドイツ。毎年ハノーファーでは情報通信技術の見本市が開かれている。

11 競技力と国力を結集したドイツ代表の黄金時代到来
国の工業力や技術力も結集させたドイツ代表。2014年のW杯に続き、若手中心で臨んだ2017年のコンフェデレーションズカップでも優勝(下写真)。黄金期を迎えている。

8 競争力が増したブンデスリーガ 世界トップレベルに返り咲き
近年、世界最高峰に返り咲いたブンデスリーガ。中でもバイエルン・ミュンヘンは世界的な強豪クラブとなっている。ところでバイエルン・ミュンヘンといえば、選手と家族がドイツの伝統衣装を纏い、オクトーバーフェストに参加するのが毎年恒例(左写真)。

10 ドイツをさらに進化させるビッグデータ分析
情報処理技術の進歩で、これまでは解析が難しかった巨大なデータ群(ビッグデータ)にも対応できる現代。ドイツ代表はこの最先端のビッグデータ分析をいち早く取り入れ、コンディション調整や、自チーム、相手チームの徹底分析に活用している。

POLA

14世紀から16世紀にかけてのポーランドは東ヨーロッパの大部分を支配し、人口や領土において当時のヨーロッパ最大規模の国家だったが、周辺国の侵入を許した18世紀後半に、隣接するロシア、ドイツ、オーストリアによって三国に分割され、国家が消滅してしまう。第1次世界大戦後に独立し、123年ぶりに世界地図に姿を表すが、第2次世界大戦でドイツとソ連に分割され、再度消滅。しかし、戦後に独立を果たすと、現在では農業、工業、エネルギー産業など、さまざまな分野で右肩上がりの成長を続けている。

サッカーにおいても、1974年、1982年のW杯で3位になるなど、かつてはヨーロッパの強豪国だったポーランドだが、その後長い低迷期を経験し、国際舞台に登場する機会も減っていった。しかし、2012年の欧州選手権開催を機に存在感を取り戻し始めると、2016年の欧州選手権ではベスト8に進出。世界的なストライカー、ロベルト・レバンドフスキを筆頭に数多くのタレントを擁し、強豪国として返り咲きつつある。世界の舞台から消えたこともあるが、歴史とポテンシャルを併せ持つ隠れた大国。それがポーランドだ。

世界地図から2度消滅。隠れた大国のポテンシャル

ND

EUROPE
19

ポーランド

EUROPE 20

悲しい歴史からはい上がり成長を続けるポーランド

かつてはヨーロッパ最大規模の大国だったポーランド。しかし、周辺国の侵略を受けた歴史があり、第2次世界大戦時には、ナチス・ドイツによって国内の多くのユダヤ人が虐殺された悲しい過去も持つ。大戦後は、社会主義国家として情勢が不安定な時期もあったが、2004年のEU（欧州連合）加盟以降、大きな経済成長を遂げている。首都ワルシャワには近代的なビルが立ち、先進国企業の工場を積極的に誘致。エネルギー産業も注目されている。また、時を同じくしてサッカーでも飛躍。2012年にウクライナと共催した欧州選手権を機に、近代的なスタジアムを建設。2016年にはそこで世界王者ドイツから"81年目の初勝利"を奪った。

基本データ

日本との時差
−8時間
サマータイムは−7時間

日本からの距離
約8,600km
（飛行機で約11時間）

面積
31万2,679平方km
（日本の約5分の4）

人口 3,859万3,000人

言語 ポーランド語

住民 97％が西スラブ民族に属するポーランド人。ほかにウクライナ系、ドイツ系など

首都・ワルシャワ

旧市街の町並みは世界遺産に登録されている

通貨 ズロチ（1ズロチ＝約31円）

国内総生産／GDP 約52兆8,965億円（世界23位）

サッカー

サッカー人口 200万264人
FIFAランキング 6位
欧州選手権 出場 3回　最高成績 ベスト8
代表チーム愛称 ビアウォ・ツェルボニ（白と赤、赤い閃光）

W杯 出場 7回　最高成績 3位（2回）

1930	1934	**1938**	1950	1954
1958	1962	1966	1970	**1974**
1978	**1982**	**1986**	1990	1994
1998	**2002**	**2006**	2010	2014

---

1 『平原』に栄えたヨーロッパ最大規模の王国

国名は『平原の国』という意味。中世にはヨーロッパ最大規模の王国だった。豊かで広大な土地には古くから人々が住み着き、7,500年前の『世界最古のチーズ』製造の跡も。

2 忘れてはいけない悲しい歴史 アウシュビッツ強制収容所

アウシュビッツはポーランド南部にあり、第2次世界大戦で最大級の犠牲者を出した強制収容所。ナチス・ドイツの占領下で多くのユダヤ人が収容された。2012年の欧州選手権開催時にはドイツ代表が訪問し（右写真）、犠牲者を追悼した。

3 社会主義時代の文化科学宮殿
巨大な文化科学宮殿は社会主義時代にソ連から贈られた。

4 第2次大戦終結10周年スタジアム

社会主義時代には荒廃し、蚤の市（下写真）と化した。

5 ポーランド経済飛躍のきっかけ 2004年のEU加盟
EU加盟以降右肩上がりで経済が成長。世界的な金融危機が起こった2009年にも、EUで唯一プラス成長を続けた。

6 躍進の象徴。近代的な国立競技場

2012年にウクライナと欧州選手権を共同開催。その際に首都ワルシャワでは古い10周年スタジアムを解体し、近代的なスタジアムが建設された。現在はポーランド代表のホームスタジアムとなり、多くのサポーターが詰めかける。

POLAND
ポーランド共和国

EUROPE 21

ポーランドが世界に誇る美しき琥珀

琥珀とは樹液が数千万年の歳月をかけて化石化したもの。中には昆虫を含んだものもある。ポーランドは古くから琥珀で有名で、『琥珀の道』という輸送ルートも国内にあり、シルクロードを通ってアジアにも運ばれたという。

国旗 1830年の『11月蜂起』以来、白と赤がナショナルカラーとして用いられ、白は歓喜、赤は独立を表す。

国章 王冠をかぶった白い鷲が描かれている。鷲は神々しい鳥とされ、勇ましさや優れた能力の象徴。

サッカー協会 ポーランド代表のレジェンドで、代表監督も務めたズビグニェフ・ボニエクが現在は協会会長を務める。

主なクラブ

レギア・ワルシャワ
国内12回の優勝を誇り、現在も2連覇中。ポーランド屈指の名門。

ビスワ・クラクフ
国内13回の優勝を誇り、1998-99シーズン以降に目覚ましい活躍を見せている。

シロンスク・ブロツワフ
『ブロツワフの貴族』と称する熱いサポーターが有名。過去に森岡亮太が所属。

レフ・ポズナン
チーム名の『レフ』はポーランド建国の『レフ、チェフ、ルスの伝説』に由来。

レヒア・グダニスク
過去に松井大輔が所属。黄金に輝く壮麗なホームスタジアムを持つ。

ポゴニ・シュチェチン
2006-07シーズンには財政問題などで4部に降格も、5年で1部に返り咲いた。

2部には松井大輔が所属
2017年8月、元日本代表の松井大輔が磐田から2部のオードラ・オポーレに移籍。

7 経済成長を映す現在の首都ワルシャワ
かつては音楽家ショパン（左写真）が住んでいた街でもある。

8 EU内の"工場"先進国企業を誘致
PCやTV生産が盛ん。ドイツの自動車工場も多い。

10 豊かな大地農業大国
国土の約半分が耕地。ジャガイモやライ麦が有名。

11 注目されるエネルギー資源
国内で大規模なシェールガス層が発見されている。

9 サッカーでも躍進中。世界王者ドイツを下したポーランド
2016年の欧州選手権予選、ワルシャワ国立競技場で世界王者ドイツと対戦したポーランドは、過去18度の対戦で一度も勝てなかった相手から歴史的勝利を挙げた。初対戦から実に81年目の初勝利だった。また、ドイツにはポーランド移民が多いが、かつてのドイツ代表エース・ミロスラフ・クローゼやこの試合にも出場したルーカス・ポドルスキ（右写真、現神戸所属）などもポーランド移民。

12 最強の騎兵『フサリア』のようにロシアでも快進撃を見せるか
ロシアW杯予選をグループ首位で突破したポーランド。本大会でもダークホースと見られている。中世に圧倒的な強さを見せ、ヨーロッパ中から恐れられた最強のポーランド騎兵『フサリア』（右写真）のように、ロシアの地でも快進撃を見せるか。

BELG

ベルギー発。おいしいチョコと名プレーヤー

　ベルギーから世界へ、優れた製品が輸出されている。
　国は小さく資源も乏しいベルギーだが、ヨーロッパの中心に位置する利点を生かした貿易が盛んだ。外国から材料を輸入して国内で加工し、できあがったものを輸出することで利益を得てきた。これを加工貿易という。主な輸出品の一つがチョコレート。アフリカなどから原料のカカオを輸入し、熟練の職人がおいしく美しく仕上げて売り出していく。バリエーションも豊かで芸も細やか。もはや芸術品と言っていい。
　近年では優れたサッカー選手も数多く世界に送り出している。2000年代に入ってから、隣国であるフランス、オランダの育成システムを国内クラブに取り入れた。移民が多いのもベルギーという国の特徴で、アフリカなどにルーツを持つ人も多い。国内を幅広くスカウトし、高いポテンシャルを持つ若い選手をうまく育てて、積極的に海外リーグに送り出しているのだ。
　海外に出た選手たちはレベルの高いリーグでさらに鍛え上げられる。そうしたタレントが結集しているのが、いまの強いベルギー代表だ。

EUROPE
23

EUROPE 24 ベルギー

ヨーロッパの中心にある国家 利点が生んだ小国のあり方

ヨーロッパの中心部に位置し、『ヨーロッパのへそ』ともよばれるベルギー。その立地の良さから数多くの国際機関の本部が置かれている。しかし、この立地ゆえに過去には何度も周辺国の侵略に脅かされてきた。そのためベルギーには独自の言語がなく、国民はそれぞれの地域に強い影響を及ぼしてきた周辺の3カ国の言語を現在でも使用している。こうした環境で子どものころから育つので、サッカー選手として外国に移籍する際も言語のハードルが低いのだという。小さな国ではあるが、ヨーロッパの中心に位置するという点が、政治・経済や文化、サッカーにおいてもベルギーという国を特徴づけている。

日本との時差: −8時間（サマータイムは−7時間）
人口: 1,137万2,000人
言語: オランダ語、フランス語、ドイツ語
住民: フランデレン系58％、ワロン系31％、その他11％
日本からの距離: 約9,400km（飛行機で約12時間）
首都: ブリュッセル（世界一美しいとも言われる街並み）
面積: 3万528平方km（日本の約12分の1）
通貨: ユーロ（1ユーロ＝約132円）
国内総生産／GDP: 約52兆5,053億円（世界24位）

FIFAランキング: 5位
サッカー人口: 81万6,583人
欧州選手権: 出場5回 最高成績 準優勝
代表チーム愛称: 赤い悪魔

W杯: 出場12回 最高成績 4位
1930 1934 1938 1950 1954
1958 1962 1966 1970 1974
1978 1982 1986 1990 1994
1998 2002 2006 2010 2014

1 大国に囲まれているベルギー 国際機関の本部が多数

フランス、オランダ、ドイツ、イギリスなどヨーロッパの大国に囲まれているベルギー。その立地からEU（欧州連合）やNATO（北大西洋条約機構）などの本部が置かれている。

2 母国語はなし 周辺3カ国の言語が公用語

ベルギーではオランダと国境を面する北部はオランダ語、フランスに面する南部はフランス語、ドイツに面する東部はドイツ語が公用語。国内の標識も2重、3重表記は当たり前。

3 世界中に広がる貿易品 加工貿易がベルギーを強くする

古くから交通の要所だったベルギーは、人・モノが行き交い、貿易で栄えてきた。またイギリスに続いて産業革命が起こり、工業も発達。そのため材料を仕入れ、国内で加工して輸出する加工貿易も盛んに行われてきた。周辺諸国やアフリカから原材料を輸入して、世界中に輸出しているチョコレートやビール、ダイヤモンドなどがその代表。サッカーでも、国内で育った選手が海外で活躍し、代表チームの強化につながっている。

攻撃的なSB ムニエ
パリ・サンジェルマンに所属するDF。元々はFW。クラブ・ブルージュKV出身。

ドリブルが得意 カラスコ
アトレティコ・マドリードに所属するMF。KRCヘンクのユース出身。

BELGIUM
ベルギー王国
EUROPE 25

日本でも大人気 ベルギーワッフル
人気のベルギーワッフル。日本でよく見かける丸いタイプは『リエージュワッフル』、大きめの長方形でクリームなどトッピングするのが『ブリュッセルワッフル』。

国旗 黒、黄、赤の3色は、伝統的な紋章である黒地に赤い舌を出している黄色いライオンから採用している。

国章 国家的象徴であるライオンがたくさん描かれており、『団結は力なり』という言葉も書かれている。

サッカー協会 2000年にオランダと欧州選手権を共同開催。ここでの惨敗が育成改革のきっかけの一つとなった。

主なクラブ

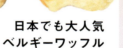

RSCアンデルレヒト
ベルギーで最も人気があるクラブであり、国内最多優勝を誇る名門。

クラブ・ブルージュKV
1978年に欧州チャンピオンズリーグ決勝にも進んだことがある強豪。

ワースラント・ベフェレン
2010年に二つのクラブが合併し現在の名前に。森岡亮太が所属している。

ロイヤル・アントワープFC
国内優勝4回の古豪。マンチェスター・ユナイテッドとのつながりが深い。

スタンダール・リエージュ
国内優勝10回の名門。過去には川島永嗣、永井謙佑、小野裕二が所属。

KAAヘント
2015年にリーグ戦初優勝を果たした。現在は久保裕也が所属している。

シント・トロイデンVV
過去に小野裕二が所属。現在は元JFA技術委員長の霜田正浩がコーチを務める。

宝石のようなチョコレート
アフリカからカカオを輸入し、世界一と言われる加工技術で良質なチョコレートを生産。

日本でも大人気のベルギービール
分類不可能と言われるほどの種類があり、それぞれのビールが一番おいしく飲めるようにデザインされた専用グラスがある。

ダイヤモンド加工
世界的貿易港のアントワープには、世界中のダイヤモンド原石の60〜80%が集まるという。

4 Jリーグも導入。育成組織評価システム『フットパス』
フランス、オランダの育成システムを取り入れ、2015年にはU-17W杯で3位と躍進したベルギー。Jリーグでは、ベルギーで開発された育成組織評価システム『フットパス』が2015年から導入されている。

5 黄金期到来 FIFAランキング1位に
育成改革の成功が代表チームの強化につながったベルギー代表。低迷期の2007年にはFIFAランキングで過去最低となる71位を記録したが、2015年には初めて1位を獲得。

6 観光客にも人気 小便小僧
代表戦の日には小便小僧もユニフォームを着て応援する。ビールが出てくることもあるとかないとか。

パワフルFW ルカク
マンチェスター・ユナイテッドに所属するFW。RSCアンデルレヒト出身。

長身プレーヤー フェライニ
マンチェスター・ユナイテッドに所属するMF。スタンダール・リエージュ出身。

テクニシャン アザール
チェルシーFCに所属するMFでベルギーの10番。AFCテュビズのユース出身。

キーワードは『団結』。勝って凱旋門に帰還せよ

フランスのパリにあるエトワール凱旋門は、『戦勝のアーチ』という意味を持つ。戦争に勝利した英雄ナポレオンによって1806年に建設が命じられたもので、いまでもフランスの力の象徴である。1998年、自国開催のW杯で初優勝した際、フランス代表はここで優勝パレードをおこなった。

そんなフランス代表は、ヨーロッパ他国やアフリカにルーツを持つ選手が多い。過去にバロンドールを受賞した3人のフランス人選手もすべて外国の血を引いており、レイモン・コパはポーランド系、ミシェル・プラティニはイタリア系、ジネディーヌ・ジダンはアルジェリア系移民の子ども。現在のエースであるアントワーヌ・グリーズマンもポルトガルの血を引いている。そのほかにも外国にルーツを持つが、フランスで生まれ、フランス人としてプレーしている選手は数多い。

各国の長所を持つ彼らの力がうまく組み合わさったときのフランスは圧倒的な強さを発揮する。しかし、それぞれの文化、考え方が衝突し、チームがうまくいかないことも。はたしてロシアW杯では勝って凱旋門に帰還することができるか。

EUROPE 28 フランス

日本との時差
−8時間
サマータイムは−7時間

日本からの距離
約10,000km
（飛行機で約13時間）

面積
54万3,965平方km
（日本の約1.4倍）

人口
6,466万8,000人

言語
フランス語

住民
ケルト系、ゲルマン系、ノルマン系などの混血。欧州各国や北アフリカなどからの移民。地方に独自民族

首都・パリ
その美しさから「芸術の都」、「花の都」とよばれる

通貨
ユーロ（1ユーロ＝約132円）

国内総生産／GDP
約277兆6,039億円（世界6位）

フランス革命と領土拡大
移民を多く受け入れてきた国

かつてのフランスは、王族が絶対的な権力を握り、華やかに暮らしていた。17世紀に作られたベルサイユ宮殿はその象徴だ。しかし、王の贅沢には税金が使われており、国民の不満が爆発。18世紀には『自由・平等・博愛』を掲げ、国民がフランス革命を起こした。革命を経て皇帝となったのがナポレオン・ボナパルトで、ヨーロッパで領地を広げようと戦った。その後、2度の世界大戦でもアフリカなどに領地を増やした。現在は、そうしてかつて植民地とした国にルーツを持つ人々が、数多くフランスに暮らしている。独自の伝統と各国の文化が融合した、個性豊かな社会を形成している国がフランスだ。

FIFAランキング 7位

サッカー人口 419万40人
欧州選手権 出場 9回 最高成績 優勝（2回）
代表チーム愛称 レ・ブルー（青）

W杯 出場 14回 最高成績 優勝
1930 1934 1938 1950 1954
1958 1962 1966 1970 1974
1978 1982 1986 1990 1994
1998 2002 2006 2010 2014

1 贅沢を極めた王族 花開いた貴族文化と芸術

17世紀にルイ14世が建設したベルサイユ宮殿は豪華な貴族文化、フランス芸術の代表。美しいフランス料理もこのころに宮廷料理として発達した。

2 国民の不満が爆発したフランス革命 その始まりはカフェから？

貧困に苦しんだ国民は18世紀後半に『自由・平等・博愛』を掲げて革命を起こした。この精神は現在でも世界中の基本的人権の基礎になっている。また革命は、フランス人が大好きなカフェでの政治論議から始まったとも言われる。

3 ヨーロッパ各地を席巻した ナポレオン旋風

フランス革命後に頭角を表したナポレオンは、軍の司令官としてヨーロッパ各地に進軍。数々の勝利でフランスの領地を拡大し、エジプトにまで侵攻。ついには皇帝の座に上り詰めた。

4 2度の世界大戦で 疲弊したフランスに移民到来

第1次世界大戦後にヨーロッパ各国、第2次世界大戦後には植民地であるアフリカ各国から移民を受け入れた。

5 フランス初のバロンドール レイモン・コパ

1958年にバロンドールを受賞したレイモン・コパはポーランドにルーツを持つ。

6 将軍・プラティニと 華麗な『シャンパンサッカー』

1983年から3年連続でバロンドールを受賞したミシェル・プラティニはイタリアにルーツを持つ。プラティニを中心としたフランス代表の華麗なサッカーは、シャンパンの弾ける泡に例えられた。

FRANCE
フランス共和国
EUROPE 29

パリを象徴する名所 エッフェル塔
1889年のフランス革命100周年を記念したパリ万博に向けて建設された。名前は塔の設計、建設者であるギュスターブ・エッフェルから。建設当時は世界一高い建造物だった。

国旗 フランス革命のスローガン『自由・平等・博愛』を表す、青、白、赤の三色旗（トリコロール）。

国章 中央の斧は正義を象徴。盾には『フランス共和国』の頭文字『RF』と記されている。

サッカー協会 エンブレムにはフランス代表の愛称の一つである『ル・コック（雄鶏）』が描かれている。

主なクラブ

パリ・サンジェルマンFC
2017年に移籍金約290億円でネイマールを獲得した世界的強豪。

オリンピック・リヨン
2001-02シーズンから2007-08シーズンにかけてリーグ戦7連覇を達成。

FCメス
クラブカラーはえんじで愛称は『Les Grenats（ざくろ）』。川島永嗣が所属。

ASモナコFC
モナコ公国のクラブだが、国家の枠を超えてリーグアンに加盟。

オリンピック・マルセイユ
伝統と人気を併せ持つ。過去に中田浩二、現在は酒井宏樹が所属。

ASサンテティエンヌ・ロワール
国内最多の優勝回数を誇る古豪。過去には松井大輔もプレーした。

7 ジダンを中心に団結 自国開催の1998年W杯で初優勝
中心選手だったジダン（上写真）はアルジェリア、デサイーはガーナ、テュラムはグアドループなど、外国にルーツを持つ選手が集まって力を合わせた素晴らしいチームだった。

8 2010年南アフリカW杯は団結できずに早期敗退
南アフリカW杯では、優れた選手がそろいながら団結できず、グループステージ敗退。

9 スタジアムも標的 2015年のパリ同時多発テロ
犯人グループにはイスラム系の国にルーツを持つフランス人の若者も含まれていた。

10 チーム作りは順調。もう一度シャンゼリゼ通りを埋めつくせるか
アントワーヌ・グリーズマン（7番）はポルトガル、ポール・ポグバ（19番）はギニアの血を引くなど、現在のフランス代表も外国にルーツを持つ選手は多いが、そういった選手たちが衝突することなくうまく融合し、2016年の欧州選手権は準優勝、ロシアW杯予選はグループ1位で出場決定と、しっかり結果を残している。1998年に自国開催のW杯で初優勝したときの優勝パレードでは、凱旋門に続くシャンゼリゼ通りを人々が埋め尽くし、英雄たちを讃えた。2018年もロシアで栄冠を勝ち獲り、胸を張って凱旋門へと帰還したい。

ENGLAND

サッカーの母国としての伝統を誇り、『スリー・ライオンズ』というたくましい愛称で知られるイングランド代表。近年のW杯では優勝はおろか決勝に進むことすらできていないが、いま変革期を迎えている。

代表チームのエース交代がその象徴だ。2003年からイングランドのエースとして活躍してきたウェイン・ルーニーに代わり、若きストライカー、ハリー・ケインが新たなエースとなった。また、さらに若い世代の活躍もイングランドに新時代が到来したことを印象づけた。サッカー発祥の地としてのプライドを持つイングランドは、体の強さを生かした昔ながらのダイナミックなサッカーが長年にわたって基本戦術となっていたが、2017年に行われたU-20W杯、U-17W杯では、若きスリー・ライオンズがそうした従来の特徴に、テクニックとパスワークを融合させたハイレベルなサッカーを見せ、両大会で世界一に輝いた。

国としても、EU（欧州連合）からの離脱が決定するという大きな出来事があった。変革に揺れているイングランド。ロシアの地でついに眠れる獅子が目覚めるかもしれない。

変革期のイングランド
眠れる獅子は目覚めるか

EUROPE
31

EUROPE 32
イングランド

ライオンのハートを持つサッカーの母国

　イングランド代表の愛称『スリー・ライオンズ』は協会のエンブレムに描かれる3頭の獅子に由来するが、これはその勇猛さから『獅子心王』とよばれたリチャード1世の紋章が元になっている。イングランドは『サッカーの母国』であり、19世紀後半に近代サッカーのルールを定めた。またその当時、イングランドを中心とした大英帝国（現在のイギリス）は世界中に植民地を持ち、産業革命を起こして『世界の工場』とよばれていた。その貿易ルートに乗ってサッカーも広がっていく。世界各地でイギリス人がサッカーを根づかせていったのだ。そんなサッカーの伝統国だが、W杯優勝は1回のみと苦戦している。

基本情報

日本との時差
−9時間
サマータイムは−8時間

人口
5,469万3,240人

言語
英語

住民
アングロ・サクソン系など

日本からの距離
約9,600km
（飛行機で約12時間）

首都・ロンドン

古い建物を大切にし、伝統と近代が融合する街

通貨
ポンド（1ポンド＝約149円）

面積
13万279平方km
（日本の約3分の1）

国内総生産／GDP（※イギリス）
約294兆8,767億円（世界5位）

FIFAランキング
12位

サッカー人口
416万4110人

欧州選手権
出場 9回
最高成績 3位

代表チーム愛称
スリー・ライオンズ

W杯
出場 14回　最高成績 優勝

1930	1934	1938	1950	1954
1958	1962	✦1966	1970	1974
1978	1982	1986	1990	1994
1998	2002	2006	2010	2014

1　スリー・ライオンズの由来 騎士の模範『獅子心王』

生涯の大部分を戦いの中で過ごし、『獅子心王』とよばれた12世紀のイングランド王・リチャード1世。ウェストミンスター宮殿には騎馬像が立っている（下写真）。

2　母国イングランド なぜイギリス代表じゃないの？

イングランドとウェールズ、スコットランド、北アイルランドから成る国がイギリス。この地域は古くから試合をし、サッカー協会設立もFIFAより早かったため、各地域の代表チームが特別に認められている。

  ＋ ＋ ＝
イングランド／ウェールズ　スコットランド　北アイルランド　イギリス

3　産業革命と蒸気船で世界各国に伝わったサッカー

産業革命により発明された蒸気船に乗って、イギリス人労働者が世界各国へ渡航。各地でサッカークラブを作った。

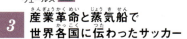
パチューカ　ペニャロール　ロサリオ・セントラル

4　ボビー・チャールトンを擁しW杯初優勝を達成

サッカーの母国ながら、W杯では結果を残せていなかったイングランド。しかし、自国開催の1966年W杯でようやく初優勝を飾った。中心選手だったボビー・チャールトンは、同年のバロンドールを受賞した。

5　世界的スター選手を輩出も代表チームは低迷

W杯初優勝以降も、ベッカムを始め多くのスター選手を輩出してきたが、代表チームとしては結果を出せずにいる。

ENGLAND
イングランド（イギリス内）
EUROPE 33

国旗 イギリス国旗であるユニオンジャックの一部でもあり、『セント・ジョージ・クロス』とよばれる。

国章 かつてのイングランド王の紋章。イングランド代表のエンブレムもこれが元になっている。

サッカー協会 1863年に設立された世界最古のサッカー協会。正式名称は『ザ・フットボール・アソシエーション(The FA)』。

見どころ満載の首都ロンドン
有名な時計台『ビッグ・ベン』を筆頭に、ロンドンには観光名所が盛りだくさんだが、それら名所を巡る際の、2階建てバスもロンドン名物の一つだ。

主なクラブ

アーセナルFC
2004年にはリーグ戦無敗優勝を達成した。愛称は『ガナーズ（砲撃手）』。

チェルシーFC
2012年にはヨーロッパ王者になった。愛称は『ブルーズ（青）』。

トッテナム・ホットスパーFC
『ホットスパー』は、中世イングランドの騎士の名前に由来する。

マンチェスター・ユナイテッドFC
国内最多優勝。世界一ファンが多いと言われる世界的ビッグクラブ。

マンチェスター・シティFC
ユナイテッドとの試合は『マンチェスター・ダービー』とよばれる。

リバプールFC
サポーターソングである『You'll never walk alone』は日本でも有名。

レスター・シティFC
2016年にリーグ戦で奇跡の初優勝を果たした。岡崎慎司が所属している。

6 世界最高峰の実力と人気 イングランド・プレミアリーグ
プレミアリーグでは、EU（欧州連合）圏内の選手に登録制限がない。また、その他の地域でも、FIFAランキング70位以内の国の出身で、自国の代表チームで直近2年間の国際Aマッチに75%以上出場している選手であれば何人でも登録できるため、各国の代表選手が集結。実力、人気ともに世界最高峰のリーグを形成している。日本人も吉田麻也、岡崎慎司が参加。しかし、そういった選手に押し出されてイングランド人が出場機会を失っており、代表強化の妨げになっているという面もある。2016-17シーズンのチェルシーFCでは登録27人中イングランド国籍は4人だけだった。

7 エースの交代 ルーニーからケインへ
2017年、代表通算得点数歴代1位のウェイン・ルーニーが代表引退を表明。代わってエースとして期待されるのは、トッテナム・ホットスパーで大活躍を見せているハリー・ケインだ。ロシアW杯予選ではゴールを重ねてイングランドをW杯出場に導いた。

8 国としても変革期 イギリスのEU離脱が決定
2016年6月に国民投票でEU（欧州連合）離脱を選択したイギリス。サッカーだけでなく、国としてもいま変革期にある。

9 U-20W杯&U-17W杯優勝 新時代に突入
2017年のU-20W杯、U-17W杯でともに世界一の栄冠を勝ち獲ったイングランド。新時代の到来を予感させるダブル優勝だった。

EUROPE
34

S

PAIN

かつて世界を制した無敵艦隊。再び狙う世界一

　15世紀以降のスペインは、ポルトガルとともに、他国に先駆けて冒険航海に飛び出し、世界中に広大な領地を獲得。一つの領地で太陽が沈んでも、別の領地では太陽が出ていることから、『太陽の沈まない国』とよばれ、国として黄金時代を迎えた。特にアメリカ大陸では、北アメリカの南西部、中米・カリブ海の大半、南アメリカの大部分を征服。そこで採れる金や銀によりお金を稼ぎ、大きく繁栄した。しかし、16世紀後半に『無敵艦隊』とよばれたスペイン船団がアルマダの海戦でイギリスに敗れると、これをきっかけに国は弱体化し、黄金時代は終焉を迎えた。

　現代のサッカースペイン代表も、この歴史と似たような状況にある。2000年代後半に流動的なパスサッカーで世界を席巻。2008年の欧州選手権を皮切りに、2010年W杯、2012年欧州選手権と、サッカーの主要大会で3連覇を果たし、黄金時代を迎えた。しかし、対戦相手からの分析や主力選手の高齢化が進み、2014年ブラジルW杯ではまさかのグループステージ敗退。世界一の座から陥落した。スペイン代表の黄金時代も、このまま終焉を迎えてしまうのだろうか。

EUROPE 36 スペイン

黄金時代の後。
現在にも影響を残す独裁時代

スペインにはかつてイスラム勢力に支配されていた時代があった。南部にはこのころの文化が現在も色濃く残り、アンダルシア地方にあるアルハンブラ宮殿などが有名だ。その後、長い年月をかけてキリスト教勢力がイスラム勢力から国土を取り戻す運動（レコンキスタ）を完了させ、その過程でスペインという国が誕生。15世紀からは大航海時代に突入し、黄金時代を迎えた。しかし、無敵艦隊の敗北を機に国家が衰退し、20世紀に入ってからは内戦が起こったり、独裁政権が生まれたりした。現在のカタルーニャ独立問題や、レアル・マドリードCFとバルセロナFCの激しいライバル関係にも、独裁時代の影響が残っている。

日本との時差
−8時間
サマータイムは−7時間

日本からの距離
約10,800km
（飛行機で約14時間）

面積

50万5,944平方km
（日本の約1.3倍）

人口

4,605万5,000人

言語
スペイン語が国語。カタルーニャ語、バスク語、ガリシア語も使用

住民
スペイン人、バスク人など

首都・マドリード

王家の文化遺産や歴史的観光名所が多い

通貨
ユーロ（1ユーロ＝約132円）

国内総生産／GDP
約138兆1,265億円（世界13位）

FIFAランキング 8位

サッカー人口
283万4,190人

欧州選手権
出場 10回
最高成績 優勝（3回）

代表チーム愛称
ラ・ロハ（赤）、無敵艦隊

W杯
出場 14回　最高成績 優勝

1930	1934	1938	1950	1954
1958	1962	1966	1970	1974
1978	1982	1986	1990	1994
1998	2002	2006	2010	2014

1 イスラム文化がもたらしたパエリア、フラメンコ
スペインがあるイベリア半島には、かつて西ゴート王国というキリスト教国家が栄えていたが、8世紀に南部のジブラルタル海峡を渡り北アフリカからイスラム勢力が侵入。大部分がその支配下となった。二つの勢力は衝突を繰り返したが、一方で文化交流をもたらし、現在もスペインを代表する文化であるフラメンコ（左写真）や人気グルメ・パエリア（上写真）などはこのころにできたといわれる。

2 キリスト教勢力のレコンキスタ
数百年をかけた国土回復運動は15世紀に完了した。

3 ジョゼップ・グアルディオラ 苦しんだ黄金時代前夜
グアルディオラ現役時のスペイン代表は、力はあるが勝負弱いチームと言われた。

4 黄金時代の到来 中心はバルセロナ所属選手たち
美しいパスサッカーで、2008年欧州選手権、2010年南アフリカW杯、2012年欧州選手権と主要な国際大会で3連覇を成し遂げ、黄金時代を迎えたスペイン代表。その背景には、グアルディオラ監督の指揮するバルセロナFCで、同様のパスサッカーによって国内、ヨーロッパのタイトルを何度も奪取した、シャビやプジョル（右写真）らの存在が大きかった。

5 愛称の由来 スペインの世界最強艦隊
スペイン代表の愛称『無敵艦隊』は、大航海時代に黄金期を迎えたスペインにおいて、世界最強と言われたアルマダ艦隊に由来する。ちなみに、小説『ドン・キホーテ』の作者ミゲル・デ・セルバンテスはこの艦隊で食料調達係をしていた。

SPAIN スペイン王国

EUROPE 37

マタドールが舞う
伝統の闘牛

スペインの国技でもある闘牛。マタドール（闘牛士）が牛と戦う。ただし現在は観客が減ってきており、動物愛護の観点から闘牛を禁止する地域も出てきている。

国旗 『血と金の旗』とよばれ、中央の黄は豊かな国土、赤は外敵を撃退したときに流れた血を象徴している。

国章 盾の中にスペイン王家、スペインの王冠、立憲君主制を表すシンボルが描かれている。

サッカー協会 2000年代後半から黄金期を迎えたが、2017年に協会会長が汚職や横領の容疑で逮捕され、激震が走った。

主なクラブ

レアル・マドリードCF
20世紀最高クラブに認定された名門。愛称は『白い巨人、銀河系軍団』。

FCバルセロナ
スローガンは『クラブ以上の存在』。世界的人気クラブでカタルーニャの象徴。

アトレティコ・マドリード
レアル・マドリードCF、FCバルセロナに次ぐスペイン第3のクラブ。

バレンシアCF
2000年代の初頭には、強豪を抑え2度のリーグ優勝を果たした。

セビージャFC
アンダルシア州に本拠地を置く強豪。過去に清武弘嗣が所属していた。

アスレティック・ビルバオ
バスク人かバスク地方出身選手のみが所属することができる特別なクラブ。

乾貴士と柴崎岳が活躍中
2017-18シーズンは、SDエイバルの乾貴士とヘタフェCFの柴崎岳が1部でプレー。

---

6 無敵艦隊の敗北 アルマダの海戦
16世紀後半に英国に出陣したアルマダだが、漫画でも有名なジョン・ホーキンス、フランシス・ドレークらが率いる英国艦隊に敗北。

7 黄金時代の終焉 ブラジルW杯
前回王者として参加した2014年のブラジルW杯だったが、1勝2敗でグループステージ敗退となった。

8 36年間のフランコ独裁政権 弾圧を受けたカタルーニャ地方
1936年から1939年には内戦が起こったスペイン。勝利したフランシスコ・フランコは戦後に独裁政権を敷き、1975年まで続いた。この間、カタルーニャ地方は中央政府から激しい弾圧を受け、その後の独立問題や、レアル・マドリードCFとバルセロナFCのライバル関係の一因に。

9 『エル・クラシコ』 バルサはカタルーニャの象徴
独裁時代、カタルーニャ語使用禁止などの弾圧を受けたカタルーニャ人にとって、FCバルセロナのスタジアムは唯一カタルーニャ語を許された心の拠りどころだった。一方、レアル・マドリードは政権の中心地にあるクラブ。『エル・クラシコ』の激しさの背景にはそんな歴史的対立がある。

10 多民族国家スペイン カタルーニャ独立問題
多民族国家のスペインでは各地方の独立心が強い。特にサグラダファミリアなどで人気の観光地であり経済的にも豊かなバルセロナがあるカタルーニャ地方や、バスク地方（右写真）など。

11 新たな才能の登場 再び黄金時代を築くことができるか
ブラジルW杯で敗れ、世界一の座を明け渡したスペインだが、ロシアW予選で活躍したイスコ（上写真）など、新たな才能が登場。再び世界一の座を狙っている。

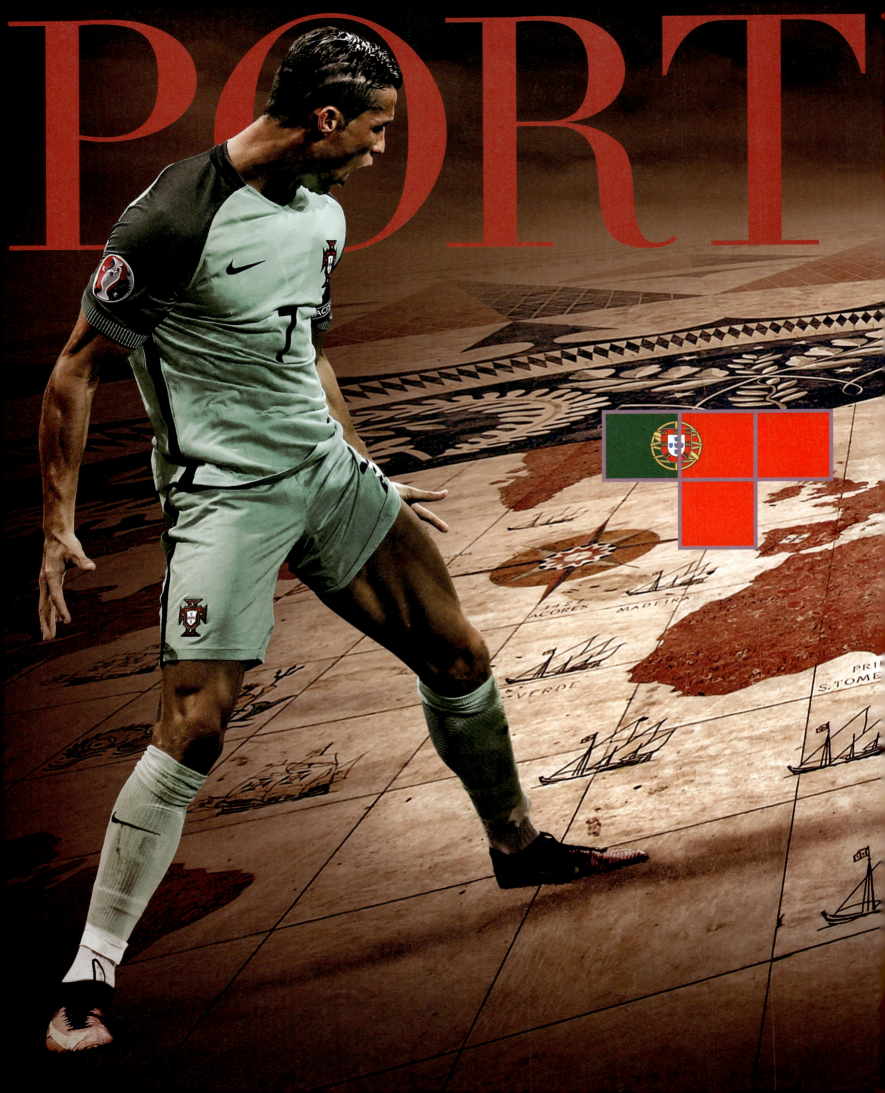

UGAL

EUROPE
39

大航海時代の遺産が息づく国ポルトガル

　15世紀からの大航海時代、ポルトガルは世界各地に領土を広げ、貿易で世界の覇権を握っていた。そんなポルトガル繁栄の歴史は後世のサッカー界にも見ることができる。1965年のバロンドールを受賞し、1966年のイングランドW杯で得点王となったポルトガル代表のレジェンドの一人、エウゼビオはアフリカの南東にあるモザンビーク出身。大航海時代にポルトガルがこの土地を獲得し、エウゼビオが生まれた当時もまだポルトガル領だったため、ポルトガル代表選手としてプレーすることになったのだ。
　また、クリスティアーノ・ロナウドの背景にも、大航海時代が透けて見える。ロナウドのひいおばあちゃんは西アフリカの島国・カーボベルデ出身。つまり圧倒的な身体能力を持つロナウドも、アフリカの血を引いているということだ。
　数々の栄冠に輝き、華々しいキャリアを築いているロナウドだが、唯一手にしていないビッグタイトルがW杯。ポルトガル海上帝国の遺産をその血に宿す男は、ロシアの地で最後の大仕事に取り掛かる。

ポルトガル

EUROPE 40

大海原への冒険。かつて築いた巨大な海上帝国

ユーラシア大陸の最も西側に位置し、大西洋に面しているポルトガル。15世紀には他国に先駆けて冒険航海に飛び出し、大航海時代の幕を開けた。1488年にアフリカ大陸最南端の喜望峰を回り、1498年にインドに到達。1500年に南アメリカ大陸でブラジルを発見し、1543年には日本にもやってきて南蛮文化を伝えた。世界各地を股にかけて、キリスト教を布教するとともに、香辛料の貿易などで栄華を極め、大きな海上帝国を築いた。その航海の起点となった首都リスボンは、当時世界で最も繁栄した都市の一つだったと言われている。そんな大航海時代の覇権国家としての歴史は、現代においてもポルトガルに大きな影響を残している。

日本との時差
−9時間
サマータイムは−8時間

人口
1,030万4,000人

言語
ポルトガル語

住民
ポルトガル人

日本からの距離
約10,900km
（飛行機で約15時間）

首都・リスボン

欧州の中で最も西側に位置する首都

通貨
ユーロ（1ユーロ＝約132円）

国内総生産／GDP
約23兆470億円（世界45位）

面積
9万2,226平方km
（日本の約4分の1）

サッカー人口
54万7,734人

欧州選手権
出場 7回　最高成績 優勝

代表チーム愛称
セレソン・ダス・キナス
（紋章の代表）

FIFAランキング 3位

W杯
出場 6回　最高成績 3位

1930	1934	1938	1950	1954
1958	1962	1966	1970	1974
1978	1982	1986	1990	1994
1998	2002	2006	2010	2014

---

1 歴史を語る『発見のモニュメント』
リスボンには『発見のモニュメント』とよばれる大航海時代の記念碑がある。先頭には多くの航海士を育てたエンリケ航海王子が立ち、後方には日本にもやってきたフランシスコ・ザビエルも並んでいる。右図は大航海時代の貿易ルート。

2 偉大な航海者バスコ・ダ・ガマ
アフリカ最南端の喜望峰を回り、インドへの航路を開拓した探検家。

3 繁栄をもたらした香辛料貿易
インドや東南アジアで取れる香辛料の貿易がポルトガルに富をもたらした。

4 地球儀や火縄銃など日本に伝わった南蛮文化
1543年にポルトガル人を乗せた船が鹿児島の種子島に漂着。南蛮貿易へと発展した。

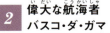

5 大航海時代から現在に至るまでポルトガルを世界に発信し続けるリスボン
ポルトガルの首都リスボンは大西洋に面し、大航海時代には多くの航海の起点となった歴史ある街だ。香辛料貿易で発展し、当時の世界経済の中心都市だった。現在でもヨーロッパ最大規模の港を持つ貿易港として栄えている。
また、ポルトガルサッカーの中心的都市でもある。国内のタイトルをほぼ独占する『トレス・グランデス（3強）』のうち、SLベンフィカ（右下写真）とスポルティングCP（右上写真）がこの街をホームとしている。SLベンフィカは当時ポルトガル領だったモザンビークからやってきたエウゼビオが活躍したクラブ。スポルティングCPは若いころのクリスティアーノ・ロナウドが故郷マデイラ島からやってきてプレーしたクラブで、ルイス・フィーゴやナニなど、近年のポルトガル代表のスター選手を数多く輩出している。
大航海時代から現在に至るまで、ポルトガルという国を世界に発信し続けている国際都市、それがリスボンだ。

PORTUGAL
ポルトガル共和国

EUROPE 41

世界一のコルクと酒精強化ワイン

ポルトガルはコルクの生産量世界一。また、ポートワインやマデイラワインなど酒精強化ワインが有名。アルコール度数を高めることで、温度管理が難しい産地でも酸化や腐敗することなく保管でき、個性的な味わいに仕上がる。

国旗 緑は誠実と希望、赤は革命を表す。また、赤は冒険航海に出た勇気を表すとも言われている。

国章 天球儀は大航海時代の海外進出と世界中の植民地を統括する海上帝国の繁栄・歴史を表す。

サッカー協会 欧州選手権では出場7大会すべてでベスト8以上、準決勝以上にも5回進出するなど常に好成績を残す。

主なクラブ

SLベンフィカ 国内最多36回優勝。UEFAチャンピオンズカップ（現欧州チャンピオンズリーグ）も2度制覇。

スポルティングCP 下部組織からルイス・フィーゴ、ロナウドらを輩出。過去に田中順也が所属。

FCポルト 国内で26回、欧州チャンピオンズリーグで2度優勝。1987年、2004年には世界一にもなった。

SCブラガ 21世紀に入ってからの躍進が目覚ましいクラブ。過去には廣山望もプレーした。

アカデミカ・コインブラ ポルトガルカップの初代王者で、数多くのサポーターを抱えている人気クラブ。

ポルティモネンセSC 過去には金崎夢生などがプレーし、現在は中島翔哉、亀倉龍希が所属している。

6 ペレとも並び称された偉大なるエース、エウゼビオ

エウゼビオは1960年代に活躍したポルトガル代表のレジェンド。出身はアフリカ南東にあるモザンビークだが、生まれた当時はポルトガル領だったため、ポルトガル代表としてプレーした。モザンビークのチームでプレーしていたところをSLベンフィカのスカウトに見いだされると、リスボンへとやってきて、ベンフィカでリーグ優勝10回、得点王7回の大活躍。バロンドールの受賞やW杯得点王など輝かしい実績を残し、同時代に活躍したサッカーの王様・ペレとも並び称された。

7 2004年に世界一 モウリーニョとFCポルト

ポルトガルの名将・ジョゼ・モウリーニョ（左写真）に率いられた『トレス・グランデス（3強）』の一角・FCポルトは、2004年に欧州チャンピオンズリーグで優勝し、その後のトヨタカップも制覇。クラブ世界一となった。

8 ヨーロッパの次は世界の頂点を狙うロナウド

2016年は欧州選手権を制し、次は世界一を狙うロナウド。ちなみにロナウドが生まれたのは大航海時代にポルトガルが領地としたマデイラ島（右写真）。島の空港は『ロナウド空港』で、ロナウドの博物館もある。

SERBI

EUROPE
42

EUROPE
43

困難から逃げない。受け継がれる不屈の精神

　かつてバルカン半島に『ユーゴスラビア』という国があった。『七つの国境、六つの共和国、五つの民族、四つの言語、三つの宗教、二つの文字、一つの国家』という言葉があるほど、民族、言語、宗教などが複雑に入り混じって一つの国が形成されていた。しかし、1990年代になると各地域が独立を宣言し始める。それを巡って民族間の紛争が起こり、多くの犠牲者と難民を出した。最終的に7つの国に分裂し、生まれた国の一つがセルビアだ。

　サッカーにおいては、技術力の高い選手を次々と生み出し、『東欧のブラジル』とよばれたユーゴスラビア。しかし、国内情勢が不安定になると、1992年から2年半、代表チームは国際試合への参加を禁じられてしまった。それでも選手たちは、サッカーをあきらめなかった。各地で独立が果たされると、それぞれの国へと散っていき、そこでもベストを尽くした。

　ユーゴスラビア時代には中心的な役割を担い、その歴史を継承しているのが現在のセルビアサッカー協会である。いまの代表チーム

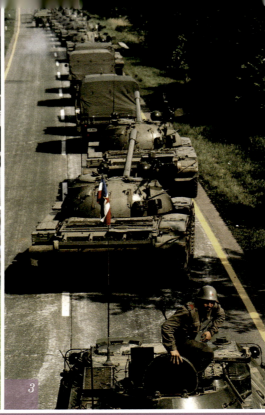

セルビア

EUROPE 44

分裂の時代にもなくならなかったサッカー。
日本と関わりの深い選手や監督も多数

民族、言語、宗教などが複雑に入り混じったユーゴスラビアは、チトー大統領というカリスマ性を持ったリーダーによって束ねられていた。しかしチトー大統領の死後、各地域が独立を宣言し、激しい紛争が始まった。そんな時代にサッカーをやり抜いてきた選手や監督の中には、その後日本サッカーに深く関わってくれている人たちも少なくない。ヴァイッド・ハリルホジッチ日本代表監督、イビチャ・オシム元日本代表監督を始め、名古屋で選手と監督を務めたドラガン・ストイコビッチらだ。困難を乗り越えてきた強い精神力やサッカーへの愛情、そしてときには人生論など、多くのものを日本サッカー界は彼らから学んでいる。

日本との時差

−8時間
サマータイムは−7時間

日本からの距離

約9,200km
（飛行機で約15時間）

面積

7万7,498平方km
（北海道とほぼ同じ）

人口
881万3,000人

言語
公用語はセルビア語。
ハンガリー語、スロバキア語など

住民
セルビア人83％、
ハンガリー人4％など

首都・ベオグラード

旧ユーゴスラビアの首都でもあった

通貨
セルビア・ディナール（1セルビア・ディナール＝約1円）

国内総生産／GDP
約4兆2,650億円（世界89位）

FIFAランキング
38位

サッカー人口
44万1,682人

欧州選手権
出場 0回
最高成績 -

代表チーム愛称
ホワイト・イーグルス

W杯（セルビア代表）
出場 1回　最高成績 GS敗退

1930	1934	1938	1950	1954
1958	1962	1966	1970	1974
1978	1982	1986	1990	1994
1998	2002	2006	**2010**	2014

1　偉大すぎた大統領
ヨシップ・ブロズ・チトー

社会主義と資本主義が対立していた時代に、独自のスタンスでユーゴスラビアという複雑な国を束ねたチトー大統領。

2　国家崩壊が迫る中
1990年W杯でベスト8に進出

チトー大統領の死後、各地で独立の機運が高まる中で迎えたイタリアW杯。他地域から選出されたメンバーを非難するなど、代表を巡って国内が異様な状況となったが、元日本代表監督のイビチャ・オシム（左写真）率いるユーゴスラビアは持てる力を発揮しベスト8まで勝ち上がった。

3　1991年に始まった紛争
ハリルホジッチ監督も巻き込まれて負傷

1991年にスロベニアとクロアチアが独立を宣言し、紛争が勃発。1992年にはボスニア・ヘルツェゴビナ、1996年にはコソボでも独立を巡って紛争が起こった。ボスニア・ヘルツェゴビナ出身でかつてはユーゴスラビア代表としても活躍した現日本代表監督のヴァイッド・ハリルホジッチ（下は現役時代の写真）は、当時銃撃戦に巻き込まれ負傷したという。

4　悲しみを知る
『妖精』ストイコビッチ

その華麗なプレーから『ピクシー（妖精）』とよばれ、世界から絶賛されたドラガン・ストイコビッチは、1990年のイタリアW杯には主力として出場。圧倒的な強さで予選を突破し、優勝候補との呼び声も高かった1992年の欧州選手権も出場予定だった。しかし、国内の紛争が激しさを増すと、ユーゴスラビア代表は国際試合禁止の通達を受けてしまう。ストイコビッチら代表メンバーがこの知らせを受けたのは、欧州選手権参加のために開催地スウェーデンに降り立った空港の中でだったという。紛争による悲しみを知るストイコビッチは、後年、Jリーグの名古屋でプレーしていた際には、「空爆をやめよ」とアンダーシャツにメッセージを書いて世界に訴えたこともあった。

SERBIA
セルビア共和国
EUROPE 45

サッカーのほか、バスケットボール、バレーボール、水球など球技がとても盛んなセルビア。世界的なテニスプレーヤー・ノバク・ジョコビッチもセルビア人だ。

世界に誇るスター ノバク・ジョコビッチ

国旗 2006年6月のモンテネグロ独立に伴い新国旗を採用。青は明るい空、白は光、赤は民族の血を表す。

国章 盾の下に黄金のユリ、中央に銀色の双頭の鷲、盾の上に黄金の王冠が描かれている。

サッカー協会 かつて存在したユーゴスラビアサッカー協会は、現在はセルビアサッカー協会が継承している。

マップ:
- ノビサド
- ベオグラード
- クラグエバツ
- ニシェ

主なクラブ

FKパルチザン
レッドスターと並び国内2強を形成している。国内最多優勝を誇る。

FKツルベナ・ズベズダ（レッドスター）
英語名の『レッドスター』で有名なクラブ。過去には鈴木隆行が所属。

FKボイボディナ・ノビサド
セルビア最古のクラブ。旧ユーゴスラビア時代には国内リーグを2度制覇。

FKラドニチュキ・ニシュ
名古屋でもプレーしたドラガン・ストイコビッチがプロデビューしたクラブ。

ベオグラードダービー
パルチザンとレッドスターの激突は世界屈指の激しさと盛り上がりを見せる。

地図:
- スロベニア 1991年独立
- クロアチア 1991年独立
- ボスニア・ヘルツェゴビナ 1992年独立
- セルビア 2006年独立
- モンテネグロ 2006年独立
- コソボ 2008年独立
- マケドニア 1991年独立

5 傷跡を残す首都ベオグラード
2006年に独立したセルビアは美しい国土・町並みに暖かな人々が暮らす、ヨーロッパ有数の治安の良い国となった。しかし、過去の歴史を忘れないために、首都・ベオグラードには空爆跡がある建物（左写真）が残されている。

6 2006年ドイツW杯は大会直前に独立
予選はセルビア・モンテネグロとして突破したが、大会前にモンテネグロが平和的に独立。しかし、すでに大会エントリー済みで、セルビア・モンテネグロ代表で出場。

7 W杯予選に初出場したコソボ代表
セルビアは認めていないが、日本など多くの国が独立を承認しているコソボ。2016年にようやくFIFAへの加入も認められ、同年のロシアW杯予選に初出場した。

8 ホームユニフォームは青から赤に積み上げる新たな歴史
ユーゴスラビア時代は青いホームユニフォームだったが、セルビアとなってからは赤いユニフォームに。新たな歴史を積み上げながら、2018年のW杯はセルビアにとっては2度目の世界舞台となる。

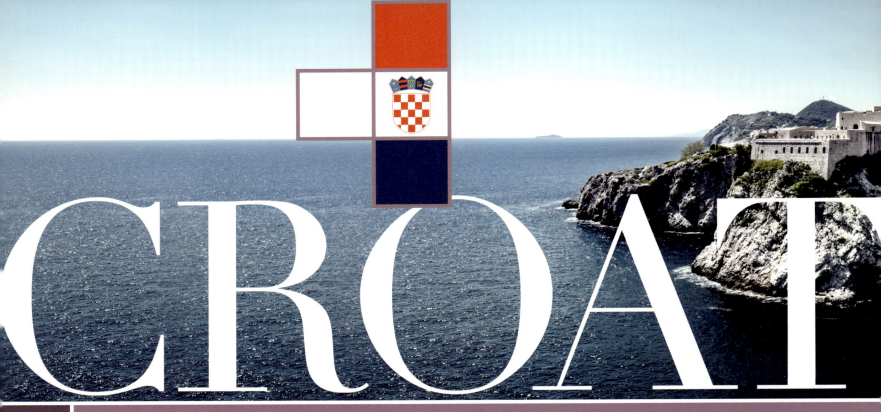

CROAT

EUROPE 46 | クロアチア

青い海と美しい国土から生み出される赤白チェックの技巧派集団

セルビア同様、旧ユーゴスラビアから分裂した国がクロアチアだ。1991年独立時の激しい紛争を経て、現在では美しい国に生まれ変わった。海岸線に長く国土を持ち、『アドリア海の真珠』と称される海辺のドゥブロブニクはヨーロッパ随一の観光都市。また、首都ザグレブも経済的な発展を見せている。サッカーでは、旧ユーゴスラビアでも主力だったズボニミール・ボバンらが独立後のクロアチア代表の中心となり、初出場の1998年フランスW杯で3位という好成績を収めた。それ以降も、ユーゴスラビア時代の『東欧のブラジル』という名を継ぐように、技巧的な選手を次々と輩出し、国際舞台で輝いている。

基本データ

日本との時差
−8時間
サマータイムは−7時間

日本からの距離
約9,300km
(飛行機で約14時間)

面積
5万6,594平方km
(九州の約1.5倍)

人口
422万5,000人

言語
クロアチア語

住民
南スラブ系のクロアチア人90.4%、セルビア人4.4%など

首都・ザグレブ

美しい街並みは「小ウィーン」ともよばれる

通貨
クーナ(1クーナ=約18円)

国内総生産/GDP
約5兆6,442億円(世界78位)

FIFAランキング **18位**

サッカー人口
36万2,514人

欧州選手権
出場 5回
最高成績 ベスト8(2回)

代表チーム愛称
ヴァトレニ(炎)

W杯
出場 4回　最高成績 3位

1930	1934	1938	1950	1954
1958	1962	1966	1970	1974
1978	1982	1986	1990	1994
1998	2002	**2006**	2010	**2014**

1. 『アドリア海の真珠』ドゥブロブニク

ボスニア・ヘルツェゴビナにあるクロアチアの飛び地。世界遺産に登録されており、アドリア海に面したその美しい街並みから、ヨーロッパ屈指の観光都市となっている。

2. アドリア海と盛んな漁業 クロマグロが日本へ

鮮やかな青が美しいアドリア海。その海岸線沿いに長く国土を持つクロアチアは漁業も盛ん。ここで養殖されたクロマグロは日本にも多く輸出されている。

3. クロアチアカラーの屋根 聖マルコ教会

聖マルコ教会(写真)など、中世の面影を残しながらも成長を続けるザグレブ。この街を筆頭に、クロアチアの経済規模が旧ユーゴスラビア内で大きかったことも紛争の一因に。

4. 大量の死者と難民を生んだ クロアチア紛争

1991年に独立を宣言したクロアチアだが、その後ユーゴスラビアとの紛争に突入。1995年に戦闘が終結するまでに、多くの犠牲者と20万人以上の難民を生んだ。

CROATIA
クロアチア共和国
EUROPE 47

ネクタイ発祥の国 クラバットのスカーフ

17世紀にフランスのルイ13世の警備を務めたクロアチア兵（クラバット）が首に巻いていた布がネクタイの起源と言われる。現在もフランスではネクタイをクラバットとよぶ。

国旗 1991年、ユーゴスラビア連邦からスロベニアと独立を宣言。赤白青の3色の地に歴史的国章を描く。

国章 赤白の市松模様は『シャホブニツァ』とよばれ、クロアチアの象徴。赤は内陸部、白は海岸部を表す。

サッカー協会 1998年フランスW杯の日本戦で得点を挙げ、大会得点王にも輝いたダボール・シューケルが協会会長。

主なクラブ

GNKディナモ・ザグレブ
ユーゴスラビア時代からクロアチアを代表する強豪。過去に三浦知良も所属。

NKザグレブ
クロアチアで最も古いサッカークラブの一つ。クラブの愛称は『詩人』。

HNKハイドゥク・スプリト
GNKディナモ・ザグレブに次ぐ国内優勝回数。過去に伊野波雅彦が所属。

RNKスプリト
クラブ名はクロアチア語で『労働者のサッカークラブ』を意味している。

HNKリエカ
2016-17シーズンにリーグ戦初優勝。過去に財前宣之や松原良香が所属。

NKオシエク
ダボール・シューケルがデビューしたクラブ。一度も降格経験がない。

5 クロアチアの英雄 ズボニミール・ボバン
ACミランの10番としても活躍したボバン。「サッカーを戦争だと言う者は、本当の戦争を知らない」という言葉を残した。愛国心が強く、国民からも愛されている。

6 初出場で3位 1998年フランスW杯
独立後初出場となったフランスW杯では、グループステージで同じく初出場の日本と対戦し、ダボール・シューケルの得点で1-0で勝利。最終的には3位で大会を終えた。

7 日本と再戦した 2006年ドイツW杯
再度グループステージで日本と同居したドイツW杯。第2戦で激突した一戦は0-0の引き分けに終わったが、最終的に両チームともグループステージ敗退となった。

8 2018年ロシアW杯出場の ダークホース
ギリシャとのプレーオフを制し、ロシアW杯出場を決めたクロアチア。レアル・マドリードのルカ・モドリッチ（上写真）やバルセロナのイバン・ラキティッチなど技巧派がそろう。

SWITZER

EUROPE 48 | スイス

世界の中立地スイス
アルプス山脈で磨かれた守りの力

アルプス山脈が広がるスイス。国土の70％を山地が占め、農業にはあまり適した土地ではないため、昔から多くの男たちが兵士として雇われて他国へ行き、その国の偉い人たちを守る仕事をしていた。険しい山々に鍛えられたスイス人兵士の屈強さはヨーロッパ中で有名だったのだ。現在のスイス代表は堅い守りで有名だが、そういった歴史も関係しているかもしれない。またスイスにはFIFA（国際サッカー連盟）をはじめ国際機関の本部が集まっているが、これはフランスやドイツ、イタリアなどの大国に囲まれているという立地の良さや、スイスが戦争を放棄した『永世中立国』であることが大きな理由だ。

日本との時差	人口
−8時間　サマータイムは−7時間	837万9,000人

	言語
	公用語はドイツ語、フランス語、イタリア語、ロマンシュ語

	住民
	ドイツ系65％、フランス系18％、イタリア系10％、ロマンシュ系1％など

日本からの距離	首都・ベルン
約9,500km（飛行機で約13時間）	人口は国内4位。旧市街が世界遺産に登録

	通貨
	スイス・フラン（1スイス・フラン＝約116円）

面積	国内総生産／GDP
4万1,291平方km（九州と同じくらい）	約74兆3,383億円（世界19位）

FIFAランキング 11位	サッカー人口 57万1,700人	W杯 出場 10回　最高成績 ベスト8（3回）
	欧州選手権 出場 4回 最高成績 ベスト16	1930 / 1934 / 1938 / 1950 / 1954
		1958 / 1962 / 1966 / 1970 / 1974
	代表チーム愛称 ラ・ナティ （代表、国民）	1978 / 1982 / 1986 / 1990 / 1994
		1998 / 2002 / 2006 / 2010 / 2014

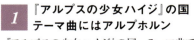

1　『アルプスの少女ハイジ』の国　テーマ曲にはアルプホルン

『アルプスの少女ハイジ』の国。テーマ曲でも使用されているアルプホルンはスイスの伝統的な楽器で、山で働く羊飼いや牛飼いが意思伝達のために編み出した。

2　ヨーロッパを横断する美しく険しいアルプス山脈

フランス、スイス、イタリア、ドイツ、オーストリアなどにまたがるアルプス山脈。山頂の尖ったマッターホルン山は標高4,478mで富士山よりも高い。

3　バチカンを守る兵士はスイス人だけ

険しい山々に鍛えられたスイスの傭兵は屈強なことで有名。古くから各国で王様や要人を守る仕事をしてきた。現在でもバチカンの衛兵にはスイス人しかなることができない。

4　堅守のスイス代表が持つ珍しいW杯記録

アルプスの山々のような堅い守りが特徴のスイス。2006年ドイツW杯では4試合無失点のままラウンド16はPKで敗れ、W杯史上初の無失点で大会敗退という珍記録を残した。

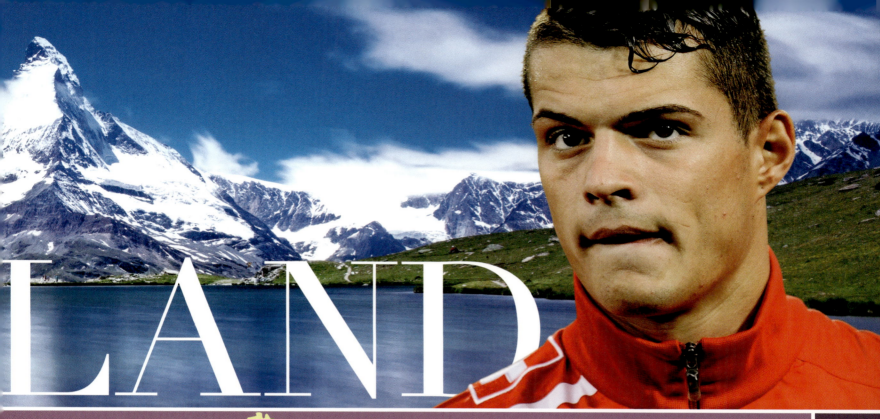

LAND

SWITZERLAND
スイス連邦

EUROPE
49

世界をとろけさせる スイスのチーズ
農業に適さず、酪農が発達したスイスでは古代ローマ時代からチーズが作られていた。エメンタールという円盤の形をしていて、切ったら穴が開いているチーズが有名だ。

国旗 正方形の赤地に白のギリシャ十字をあしらったもの。建国時の3州の一つ、シュビツ州の旗に由来する。

国章 赤い盾に白い十字だけのシンプルなもの。スイスでは国章から州章まで簡素な紋章を使う。

サッカー協会 スイス国内にはスイスサッカー協会のほか、国際サッカー連盟、欧州サッカー連盟の本部がある。

主なクラブ

BSCヤング・ボーイズ
国内で初のリーグ戦3連覇を達成したクラブ。過去には久保裕也も所属。

FCチューリッヒ
グラスホッパーのファンは中流層が多く、FCチューリッヒは労働者層が多い。

FCバーゼル
現在国内8連覇中の強豪。過去には中田浩二や柿谷曜一朗が所属した。

FCトゥーン
1898年創立。2005年には欧州チャンピオンズリーグ本戦に進出する快挙。

グラスホッパー・クラブ・チューリッヒ
国内最多27回の優勝。1936年には親善試合で日本代表に16-1で大勝した。

セルベットFC
フランス語圏スイスの有名クラブ。国内優勝17回も、近年は下部リーグに低迷。

FCローザンヌ・スポルト
1964-65シーズンを最後にリーグ戦の優勝からは遠ざかっている古豪。

FCルツェルン
1989年にリーグ初制覇。2度のカップ制覇経験を持ち、愛称は『光』。

5 大国に囲まれ 国際機関の本部が集中
チューリッヒのFIFA（国際サッカー連盟）本部を筆頭に、ジュネーブの国際連合欧州本部、WHO（世界保健機関）本部、ローザンヌのIOC（国際オリンピック委員会）本部など。

6 1815年のウィーン会議で 永世中立国に承認
大国から自国を守るため1516年に「戦争はしない」と宣言したスイス。ナポレオン戦争後のヨーロッパを立て直すために開かれた1815年のウィーン会議で永世中立が認められた。

7 スイス代表のジャカ アルバニア代表の兄と対決
移民が多いスイスは代表チームにも海外にルーツを持つ選手が多い。アルバニアの血を引くグラニト・ジャカは、アルバニア国籍を選んだ兄と代表戦で対決した（写真）。

8 高性能で精密な作り 時計大国スイス
スイスは高性能時計が有名で、世界の売上高では腕時計市場の半分以上をスイスが占めている。その精密な作りは、スイス代表の緻密な組織守備にも生かされている、かも!?

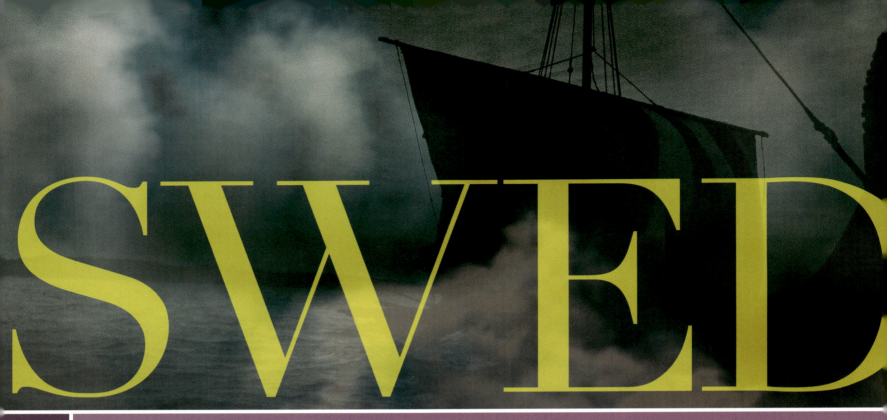

SWED

EUROPE 50

スウェーデン

スウェーデンの原点
バイキング・サッカーでロシアへ

大昔にヨーロッパの海を制し、力を誇っていたバイキング。スウェーデンがあるスカンジナビア半島を中心に繁栄していた。そんなバイキングのように、大きく猛々しい男たちがゴール前を力強く守り、鋭い攻撃で得点を奪う。それがスウェーデンの伝統的なサッカーである。近年は攻撃的なスタイルに移行した時期もあったが、2015年のU-21欧州選手権では、『堅守』と『組織力』を生かした得意の戦い方で、若い世代が欧州王者となった。またロシアW杯予選プレーオフでは、イタリアの猛攻を最後まで耐え切って、本大会出場を勝ち獲った。バイキングの国スウェーデンが、原点に立ち返ったサッカーでロシアに上陸する。

日本との時差

−8時間
サマータイムは−7時間

人口
985万2,000人

言語
公用語はスウェーデン語、ほかにフィンランド語など

住民
北方ゲルマン系のスウェーデン人、フィンランド系、サーミ系

日本からの距離

約8,000km
（飛行機で約12時間）

首都・ストックホルム

「北欧のベネチア」。14の島から成る水の都

面積

43万8,574平方km
（日本の約1.2倍）

通貨
スウェーデン・クローナ（1スウェーデン・クローナ＝約14円）

国内総生産／GDP
約57兆1,972億円（世界22位）

FIFAランキング 25位

サッカー人口
100万6,939人

欧州選手権
出場 6回
最高成績 4位

代表チーム愛称
ブローギューラ
（青と黄）

W杯
出場 11回　最高成績 準優勝

1930	1934	1938	1950	1954
1958	1962	1966	1970	1974
1978	1982	1986	1990	1994
1998	2002	2006	2010	2014

1 大昔の海の覇者
バイキング

現在の北欧諸国に住み、8〜11世紀ころにヨーロッパで絶大な力をふるったバイキング。スウェーデンのバイキングは主に東に進出し、川を上ってアジアとも交流した。

2 バイキングの魂を持った
イブラヒモビッチ

2016年に代表を引退したズラタン・イブラヒモビッチは旧ユーゴスラビア系の血を引く移民の子だが、その力強いプレーにはバイキングの魂が宿っているよう。

3 原点を示した
2015年U-21欧州選手権

現在A代表にも名を連ねるビクトル・リンデレフやヨン・グイデッティらを擁し、若い世代が『堅守』や『組織力』といった伝統的なスタイルで欧州王者に輝いた。

4 最後まで守り抜いた
ロシアW杯予選プレーオフ

イタリアと対戦したプレーオフ。ホームの第1戦を1-0で勝利すると、第2戦では圧倒的に攻め立てるイタリアの攻撃を最後まで耐え抜き、2試合無失点でロシア行きを決めた。

SWEDEN
スウェーデン王国

EUROPE 51

北欧といえばバイキングと
シンプルさが人気の家具

北欧といえばバイキング。角の生えたヘルメットを、サッカーのサポーターも応援のときによくかぶっている。また、飽きのこないシンプルなデザインで実用性が高い『北欧家具』も世界中で人気。

国旗 エリク王が青空に金色の十字架が横切るのを見たという故事に由来。1906年に正式な国旗に制定された。

国章 王室発行の公文書など、ごく一部のみで使用される国章（上記）と、一般で目にする略章とがある。

サッカー協会 2012年にスウェーデン代表の新ホームスタジアムが完成。全天候型の最先端スタジアムとなった。

主なクラブ

 ユールゴーデンIF
チーム名は『動物園』という意味。AIKソルナとのダービーは常に白熱する。

 AIKソルナ
『ブラックアーミー』とよばれる熱狂的なサポーターで有名。国王もファン。

マルメFF
国内最多優勝を誇る強豪。ズラタン・イブラヒモビッチがデビューしたクラブ。

IFKイエーテボリ
かつてUEFAカップ（現ヨーロッパリーグ）を2度制したこともある古豪。

 ヘルシンボリIF
リーグ創設時のクラブの一つで古豪だが、2部リーグの在籍期間も長い。

 ハルムスタッズBK
小規模なクラブだが、過去4度の国内優勝を果たす。木下康介が所属。

5 女性の社会進出にもバイキングの影響!?

男女平等の国スウェーデンでは女性の社会進出が著しく、就業率は80％以上。バイキングの時代に男たちが国を空けることが多く、女性の権利が根づいたとも言われる。

6 世界に誇るスウェーデン企業の数々

人口1,000万人ほどと決して大国ではないスウェーデンだが、世界的な企業は数多い。自動車のボルボ、家具のイケア、衣料のH&M、通信機器のエリクソンなどが有名だ。

7 個性的なスウェーデンの食

ジャムをつけて食べるミートボールやシナモンロールなどで知られるスウェーデン料理。世界一臭いと言われるシュールストレミングは魚の塩漬けを缶に入れて発酵させたもの。

8 ノーベル賞はスウェーデン人が創設

ダイナマイトを発明したスウェーデン人アルフレッド・ノーベルの遺言で創設された。物理学、化学、生理学・医学、文学、平和などの分野で功績を残した人物に贈られる。

DENMARK

EUROPE 52 | デンマーク

おとぎの国のファンタジー
ピッチで叶えた夢物語

カラフルで美しい首都コペンハーゲンの街並みや、ハンス・クリスチャン・アンデルセンが生み出した数々の名作童話などから、『おとぎの国』とよばれることもあるデンマーク。サッカーにおいても、1992年の欧州選手権では、紛争の影響で出場停止となった旧ユーゴスラビアの代わりに出場すると、そのまま初優勝を果たすという夢物語を叶えてみせた。また、『世界一幸せな国』とも言われているデンマークは、国連が発表する幸福度ランキングでも常に上位にいる。医療費、教育費は無料で、国内の消費電力の多くを風力を中心とした再生可能エネルギーで賄うなど、安心して生活できる制度が整っていることが、ファンタジーの創造につながっていそうだ。

日本との時差

−8時間
サマータイムは−7時間

日本からの距離

約8,700km
(飛行機で約12時間)

面積

4万2,916平方km
(九州とほぼ同じ)

人口
569万1,000人

言語
デンマーク語

住民
デンマーク人
(北方ゲルマン人)

首都・コペンハーゲン

美しい街並みは「北欧のパリ」ともよばれる

通貨
デンマーク・クローネ (1デンマーク・クローネ＝約18円)

国内総生産／GDP
約34兆2,672億円 (世界34位)

FIFAランキング 19位

サッカー人口 51万1,333人
欧州選手権 出場8回 最高成績 優勝
代表チーム愛称 ダニッシュ・ダイナマイト

W杯 出場4回 最高成績 ベスト8

1930	1934	1938	1950	1954
1958	1962	1966	1970	1974
1978	1982	**1986**	1990	1994
1998	2002	2006	**2010**	2014

1 世界一大きな島 グリーンランドも領土

ヨーロッパの北部にあるユトランド半島と周囲の島々で構成される小国がデンマークだが、実は、北極圏に浮かぶ世界一大きな島グリーンランドもデンマークの領土だ。

2 『ハムレット』の舞台 クロンボー城

首都コペンハーゲンの近郊にあるクロンボー城は、その歴史と美しい佇まいから世界遺産に登録されている。ウィリアム・シェイクスピアの『ハムレット』の舞台にもなった。

3 童話作家アンデルセン 街中に銅像も

『人魚姫』や『マッチ売りの少女』など名作童話を生み出したハンス・クリスチャン・アンデルセン。コペンハーゲンには人魚姫の有名なブロンズ像があり、観光客が訪れる。

4 サッカー界で語り継がれる 奇跡のおとぎ話

1992年の欧州選手権、旧ユーゴスラビアに代わって急遽出場したデンマーク。周囲の予想を裏切って勝ち上がり、決勝の舞台でもドイツを相手に2-0。奇跡の優勝を果たした。

DENMARK
デンマーク王国

EUROPE 53

おもちゃの域を超えた デンマークが世界に誇る『レゴ』
子供も大人も熱中してしまう『レゴ』。おもちゃの域を超えて、映画になったり、教育に生かされたりしている。2017年4月には名古屋に世界で8番目のレゴランドがオープン。

国旗 古くからダンネブロ（赤い旗）とよばれ、各国で使用されている国旗の中で一番古いとされる。

国章 金の盾に、3頭の王冠をかぶった青いライオンと9つの赤いハートマークが描かれている。

サッカー協会 1889年に設立。1904年のFIFA（国際サッカー連盟）創立時から名を連ねる8つの協会の一つ。

主なクラブ

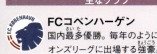 **FCコペンハーゲン**
国内最多優勝。毎年のように欧州チャンピオンズリーグに出場する強豪。

 ブレンビーIF
ミカエル・ラウドルップ、ピーター・シュマイケルも所属した国内屈指の名門。

 オーフスGF
1880年に創設された古参クラブ。国内のカップ戦では最多優勝を誇る。

 オールボーBK
1885年にイギリス人の鉄道技師によってクリケットクラブとして設立された。

 オーデンセBK
1994-95シーズンのUEFAカップ（現ヨーロッパリーグ）でレアル・マドリードに勝利。

 FCノアシェラン
1991年に創設された新興クラブ。過去には川口能活がプレーした。

5 医療費は無料 世界的な福祉大国
高齢者福祉や児童福祉が充実した福祉大国デンマーク。医療費や教育費は無料だ。国連の発表した幸福度ランキングでは2013年、2014年、2016年で1位。2017年は2位だった。

6 再生可能エネルギー100％へ 風力発電が盛ん
2050年までに石油などの化石燃料ゼロ化を目指し、消費電力の多くを再生可能エネルギーで賄っている。風力発電が盛んで、既に国内電力の40％以上をカバーしている。

7 平坦な国土が広がる 自転車天国
デンマークは最も高いところで標高約170mの平坦な国。国内の自転車環境も整い、首都コペンハーゲンでは40％以上の人が自転車通勤や通学をしているエコな国だ。

8 2018年ロシアW杯で描く 新たなファンタジー
クリスティアン・エリクセンのハットトリックなどでアイルランドとのプレーオフを制し、W杯出場を決めたデンマーク。ロシアで新たなファンタジーを描くことができるか。

EUROPE 54

アイスランド

人口30万人の育成大国
ロシアの地で響かせる"戦いの手拍子"

約30万人の人口（東京都新宿区とほぼ同じ）、北極圏に浮かぶ小さな島国。アイスランドが近年サッカー界で脚光を浴びている。2016年に初出場した欧州選手権でベスト8まで進出すると、ロシアW杯予選ではグループ首位で本大会初出場決定。小国の躍進に世界中が驚いた。この躍進には背景がある。2002-03シーズンに国内すべてのカテゴリの指導者にUEFAライセンスの保持を義務化。これにより、子どもたちはボールを蹴り始めた瞬間からトップレベルの教育を受けることができるようになったのだ。そしてアイスランド代表といえば、サポーターと選手が一体となって行う儀式"バイキング・クラップ"。ロシアの地でもド迫力の手拍子で勝利を祝えるか。

日本との時差	−9時間（サマータイムは未採用）
人口	33万2,000人
言語	アイスランド語
住民	アイスランド人（ノルウェー系）
日本からの距離	約8,600km（飛行機で約17時間）
首都	レイキャビク「煙たなびく湾」という名前。世界最北の首都
面積	10万3,000平方km（北海道よりやや大きい）
通貨	アイスランド・クローナ（1アイスランド・クローナ＝約1円）
国内総生産／GDP	約2兆2,548億円（世界105位）

FIFAランキング	21位
サッカー人口	3万2,408人
欧州選手権	出場 1回 最高成績 ベスト8
代表チーム愛称	ストラウカルニル・オッカル（我らが選手）

W杯 出場 初出場

1930	1934	1938	1950	1954
1958	1962	1966	1970	1974
1978	1982	1986	1990	1994
1998	2002	2006	2010	2014

1 国土の約11% 国名の由来になった氷河

国土の約11％が氷河で覆われており、かつてこの島を訪れたバイキングが、海に流氷が浮かんでいるのを見て『アイスランド』と名づけたと言われている。

2 世界でも有数の 火山活動が盛んな島

アイスランドは海面上に顔を出した海底山脈の火山活動によって作られた島。北海道と四国を合わせたほどの面積だが、休火山、活火山を含め130ほどの火山がある。

3 世界最大の露天風呂 『ブルーラグーン』

アイスランドには火山活動による地熱発電を利用した世界最大の露天風呂『ブルーラグーン』がある。天気が良ければ温泉に入りながら、オーロラも見られるという。

4 左右に引っ張られる島 大地の裂け目『ギャオ』

アイスランドは地形上、大地が左右に引っ張られるという珍しい状態にある島。そのため各地で『ギャオ』とよばれる独特な岩肌の大地の裂け目を眺めることができる。

ICELAND
アイスランド共和国
EUROPE 55

たくさんの羊
料理にも衣類にも

畜産業が盛んなアイスランド。とりわけ寒さに強い羊はたくさん飼育されており、羊肉を使った料理の種類も豊富。また温かいウール製品は名産の一つだ。

国旗 青と白はアイスランドの国民的色彩。十字はキリスト教を表す。ノルウェーと色の組み合わせが逆。

国章 雄牛はアイスランド南西部、鳥は北西部、ドラゴンは北東部、巨人は南東部の守護者。

サッカー協会 アイスランドサッカー協会にプロの選手として登録されているのはわずか100人前後らしい。

主なクラブ

KRレイキャビク
アイスランドで最も歴史あるクラブ。国内リーグの初代王者で最多優勝。

フラム・レイキャビク
国内18回の優勝を誇る。ハンドボール部門でも国内屈指の強豪。

FHハフナルフィヨルズル
2004年以降に目覚ましい結果を残し、8度の王者に輝いている。

バルル・レイキャビク
国内21回の優勝。元バルセロナのグジョンセンがキャリアを始めたクラブ。

ブレイザブリク
チーム名のブレイザブリクは北欧神話に由来。2010年に国内初優勝。

ÍAアクラネース
国内18回の優勝。1951年にレイキャビク以外のクラブで初優勝を果たした。

国内リーグはセミプロ
アイスランドリーグでは所属している全クラブがセミプロクラブであり、ほぼすべてのプレーヤーがほかの仕事と兼業しながらサッカー選手としての活動をしている。代表監督も歯科医と兼業だ。

5 首都でオーロラが見れる世界で唯一の国

島自体がほぼ北極圏に位置するアイスランドでは、運が良ければ首都レイキャビクにいながらにしてオーロラを見ることができる。そんな国は世界でアイスランドだけ。

6 量が足りなければ質を上げる逆転の発想で育成大国に

国内の指導者にUEFAライセンスの保持を義務化し、70%の指導者がUEFAのB級ライセンス、30%がA級ライセンスを保持。すべての子どもに最高の環境を作った。

7 育成の成果が開花した2016年欧州選手権

2016年に欧州選手権に初出場。見事グループステージを突破すると、ラウンド16ではイングランドを撃破。準々決勝で開催国フランスに敗れたが、ベスト8まで進出した。

8 アイスランド代表の恒例儀式『バイキング・クラップ』

試合後、選手とサポーターが両手を掲げ、一体となって手拍子を早めていく『バイキング・クラップ』。2016年の欧州選手権以降、世界中で真似されている。

SOUTH A

MERICA

- 🇧🇷 ブラジル
- 🇺🇾 ウルグアイ
- 🇦🇷 アルゼンチン
- 🇨🇴 コロンビア
- 🇵🇪 ペルー

BRA

輝くセレソンこそ、"多様性の国"ブラジルの象徴だ

ブラジルは多民族国家の代表格だ。ヨーロッパから移住した白人、アフリカからやってきた黒人、先住民族、日本などアジアから土地や仕事を求めて移り住んだ人々、それらの混血など、多様な人種がブラジルという一つの国家の中で共存している。

そして、その多様性の融合を象徴しているのがセレソン（ブラジル代表の愛称）だ。ブラジルに初のW杯優勝をもたらしたのは、アフリカにルーツを持つペレだった。さまざまな特徴を持った選手が一つに団結したとき、チームは強烈な美しさと強さを放つ。それを体現してきたのがブラジル代表だった。国民もそんな誇り高きチームを応援することで一つにまとまっていった。

しかし、大国として成長すると、今度は経済の格差などが生まれてくる。2014年、自国で2回目のW杯を開催したときも、一部の労働者たちが待遇改善を求めるデモを行い、多くの予算を投じるW杯開催に反対した。そんな中、代表チームも準決勝でドイツに1-7の大敗を喫してしまった。

多様性と団結の象徴だった強いブラジル代表。大国ゆえの難しさを乗り越え、2018年W杯では再びその光を取り戻せるか。

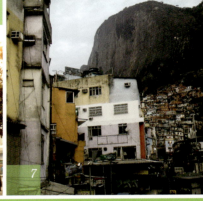

SOUTH AMERICA 60
ブラジル

人種、文化、気候、生態系
さまざまなものを内包する大国

多民族国家としてのブラジルの歴史は大航海時代に始まったが、ブラジルはアマゾンや熱帯雨林、美しいビーチに平原、高原など、その広い国土にさまざまな気候、植生を持つ国でもある。また、人口も面積も世界トップクラスで、経済も発展してきた。その一方でファベーラとよばれる貧民街も依然として残る。大国ゆえの光と影。それも含めて、さまざまなものが混在しているのがブラジルという国である。

そして、そんな多様性を持った大国をまとめ上げることができるのがサッカーの力であり、セレソンの力だ。いまこそ強いセレソンが求められている。

日本との時差

−12時間
サマータイムは−11時間

日本からの距離
約17,400km
（飛行機で約19時間）

面積

851万5,767平方km
（日本の約22.5倍）

人口

2億956万8,000人

言語
ポルトガル語

住民
白人48%、混血43%、黒人8%、ほかにアジア系、先住民など

首都・ブラジリア

1960年に遷都。計画的に設計された都市

通貨
レアル（1レアル＝約36円）

国内総生産／GDP
約202兆2,407億円（世界9位）

FIFAランキング 2位

サッカー人口 1,319万7,733人
南米選手権 出場35回 最高成績 優勝（8回）
代表チーム愛称 カナリア軍団、セレソン（代表）

W杯 出場20回 最高成績 優勝（5回）

1930	1934	1938	1950	1954
1958	1962	1966	1970	1974
1978	1982	1986	1990	1994
1998	2002	2006	2010	2014

1 北部は動植物の宝庫 アマゾン川と熱帯雨林

世界最大の流域面積と2番目の長さを誇る北部のアマゾン川。周辺には広大な熱帯雨林が広がり、色鮮やかな爬虫類、鳥類、ピラニアなどの魚類や、猿、イルカといった哺乳類など、あらゆる動植物が暮らしている。しかし、近年は開発による熱帯雨林減少が問題に。

2 ポルトガル人がブラジルを発見
1500年にポルトガル人がブラジルを発見し植民地とした。ブラジルではいまもポルトガル語が使用される。

3 アフリカの黒人奴隷
労働力としてアフリカから多くの黒人奴隷が連れてこられた。サンバはこの黒人たちが生んだとされる。

4 奴隷制廃止後、世界中から移民
19世紀、日本を含め世界から移民を受け入れた。ブラジルには現在も日系人が多く、日本人街もある。

5 沿岸部にはビーチリゾート
沿岸部には美しいビーチが広がり、リゾート地として世界中の観光客に人気だ。南東部のリオデジャネイロなどが有名。

6 南部にはガウチョ文化
南部には白人移民が多い。周辺のウルグアイやアルゼンチンと文化が似ており、ガウチョやマテ茶が根づいている。

7 ビル群とスラム 広がる経済格差
経済成長で都市部にはビル群が立ち並ぶブラジルだが、その一方で、多くの都市の郊外には『ファベーラ』とよばれるスラム街も存在し、治安悪化の一因になっている。

BRAZIL
ブラジル連邦共和国

SOUTH AMERICA 61

サッカーにも影響与えた 伝統芸カポエイラ

カポエイラは音楽にあわせてアクロバティックな技を出し合いながら戦う伝統芸。独特のリズムとステップは、ブラジルのサッカーにも影響を与えたと言われている。

国旗 国旗の緑は豊かな森林、黄色は資源を表す。中央の円の中には首都と州を表す27個の星が描かれている。

国章 ブラジルの主要な作物であるコーヒー(左)とタバコ(右)がエンブレムを取り囲んでいる。

サッカー協会 ロシアW杯に向けてサッカー連盟と国内各クラブが連動。サッカー界総出で全出場国の分析を進める予定。

主なクラブ

サンパウロFC 世界一になった回数はレアル・マドリードCFに次ぐ歴代2位。

サントスFC かつてペレやネイマール、日本人の三浦知良もプレー。

SCコリンチャンス・パウリスタ 熱狂的なファンで有名。2012年のクラブW杯で優勝。

SEパルメイラス サンパウロ・ビッグ4の一つ。愛称は『偉大な緑』。

CRバスコ・ダ・ガマ クラブ名はポルトガルの探検家バスコ・ダ・ガマに由来。

CRフラメンゴ ジーコもプレーしたリオデジャネイロで最も人気のクラブ。

フルミネンセFC ライバル・CRフラメンゴとの一戦は『フラ・フル』とよばれる。

クルゼイロEC イタリア系移民が創設。ライバルはアトレチコ・ミネイロ。

8 国民が熱狂する大人気スポーツ サッカー王国ならではの法律も

ブラジル人はサッカーが大好き。W杯で代表戦がある日は、仕事や学校を休みにできる『W杯法』も存在する。

9 W杯で3度の優勝に導いた サッカーの王様ペレ

1950年代後半から1970年代にかけて活躍したペレ。1950年の地元開催W杯の決勝でウルグアイに敗れた『マラカナンの悲劇』の際には、幼いペレは悲しむ父親を励ますために、『いつか僕がブラジルをW杯で優勝させてあげる』と約束したという。伝説はここから始まった。16歳でブラジル代表にデビューし、W杯で3度優勝に導いた。史上最高の選手と評され、『サッカーの王様』とよばれている。

10 『白いペレ』 神様ジーコ

過去には鹿島でプレーし、日本代表監督も務めた。

11 抜群の得点感覚を持つ 伝説的悪童ロマーリオ

悪童とよばれたが、得点を量産し、1994年アメリカW杯優勝に貢献。MVPも受賞。

12 超常現象とよばれた 元祖・ロナウド

2002年日韓W杯で優勝&得点王。圧倒的な個の力で『戦術はロナウド』ともいわれた。

13 自国開催の2014年W杯でまさかの結果 ドイツに大敗した『ミネイロンの惨劇』

2014年のW杯では開催国として優勝を義務づけられていたブラジル。順調に準決勝まで勝ち上がり、国民の期待も高まっていたが、その準決勝で優勝国ドイツに1-7の大敗。圧倒的な力の差を見せつけられた。

14 リオ五輪金メダル 取り戻しつつある強さ

W杯で惨敗したブラジルだが、2016年のリオデジャネイロ五輪ではネイマールらを擁して悲願の金メダル。ロシアW杯南米予選も圧倒的な成績で1位通過し、強さを取り戻しつつある。

URUGUAY

SOUTH AMERICA
63

たくましきウルグアイ。チャルーアの闘争心

　ウルグアイ代表は、ユニフォームカラーの『セレステ(空色)』という愛称で有名だが、実はもう一つの愛称を持っている。それが『ロス・チャルーアス』だ。
　この愛称は先住民チャルーア族に由来する。チャルーア族とは、現在のウルグアイの地域にかつて住んでいたインディオで、大航海時代にスペインがこの地を占領した際には激しく抵抗して、ヨーロッパ人を恐れさせ、独立戦争の際にはウルグアイに力を貸した。現在では絶滅してしまったが、首都モンテビデオには『最後のチャルーア』の銅像が立てられるなど、勇敢で誇り高いその精神は、ウルグアイ人の心に受け継がれている。
　ウルグアイ人が代表チームを応援するときなどに使う言葉に『ガラ・チャルーア』というものがあるが、これは『チャルーアの爪』という意味で、ドイツの『ゲルマン魂』や日本の『大和魂』のように、ウルグアイ人の不屈の精神を表す言葉として使用されている。ルイス・スアレスやエディンソン・カバーニなど、激しく猛々しいプレーを見せるウルグアイ代表の心にも『ガラ・チャルーア』が宿っている。

ウルグアイ

SOUTH AMERICA 64

成長が早かった南米屈指の先進国 W杯の初代チャンピオン

日本との時差	－12時間（サマータイムは未採用）
人口	344万4,000人
言語	スペイン語
住民	白人90％、白人と先住民の混血8％、黒人2％
日本からの距離	約18,700km（飛行機で約30時間）
首都	モンテビデオ（南米で最も生活の質が高い都市とされている）
通貨	ウルグアイ・ペソ（1ウルグアイ・ペソ＝約4円）
国内総生産／GDP	約5兆9,025億円（世界76位）
面積	17万3,626平方km（日本の約半分）

かつてはスペイン領だったウルグアイ。先住民チャルーア族や、英雄ホセ・アルティガスなどの働きで1828年に独立を果たすと、畜産業の発展などを背景に急速な成長を遂げ、20世紀に入るころには南米屈指の先進国となった。また、早くからサッカーが発展し、1924年、1928年の五輪で金メダルを獲得。経済的安定とサッカー強豪国という理由から1930年の第1回W杯の開催地に選ばれ、初代王者となった。1950年のブラジルW杯でも優勝し、世界屈指の強豪として君臨。その後は一時低迷するが、2010年南アフリカW杯以降、再び強豪の地位を取り戻している。また、現在でも畜産業が盛んで、牛肉の消費量は世界一。代表選手のパワーの源になっている。

FIFAランキング 17位

サッカー人口	24万1,300人
南米選手権	出場43回 最高成績 優勝（15回）
代表チーム愛称	セレステ（空色）、ロス・チャルーアス

W杯 出場12回 最高成績 優勝（2回）
1930 1934 1938 1950 1954
1958 1962 1966 1970 1974
1978 1982 1986 1990 1994
1998 2002 2006 2010 2014

1 英雄ホセ・アルティガス将軍とウルグアイの3つの国旗

ウルグアイの独立に大きく貢献し、『建国の父』とよばれる英雄アルティガス将軍。首都モンテビデオにはその功績を讃えて銅像が建てられている。また、アルティガス将軍が掲げた旗（左中央）と、同じように独立に貢献した33人の東方人が掲げた旗（左下）は、国旗同様の扱いを受けている。

3 ウルグアイ栄光の歴史 第1回W杯で優勝

1930年に第1回W杯を開催し、決勝で隣国のライバル・アルゼンチンを倒して初代チャンピオンに輝いたウルグアイ。1924年、1928年には五輪で金メダルを獲得しており、世界最強の名をほしいままにしていた。

5 独立にも貢献した不屈の精神 勇敢な先住民チャルーア族

大航海時代には侵略してきたスペイン人に激しく抵抗し、ウルグアイ独立の際にも力を尽くしたチャルーア族。しかし、独立後はその勇敢さと闘争心が危険だと判断され、だまし討ちに遭い、民族としてほぼ絶滅。生き残った4人のチャルーア族（写真）はヨーロッパに売り飛ばされ、見世物にされたという悲しい歴史もある。その後、彼らを偲んだウルグアイ人は首都モンテビデオに『最後のチャルーア』の銅像を建てた。チャルーアの血は途絶えてしまったが、その勇敢さと闘争心は現在もウルグアイ人に受け継がれている。

2 第1回W杯決勝の地 センテナリオ

センテナリオとは100周年という意味。独立後の憲法発布100周年を記念して建設され、1930年の第1回W杯では決勝戦が行われた。

4 2度目のW杯優勝は『マラカナンの悲劇』?

1950年のブラジルW杯では、決勝でブラジルに逆転勝ちし、2度目の世界一に輝いたウルグアイ。ブラジル側ではこの敗戦のことを『マラカナンの悲劇』とよんでいる。

URUGUAY
ウルグアイ東方共和国

SOUTH AMERICA
65

ガウチョ文化と牛の放牧

アルゼンチン同様、パンパとよばれる草原が広がり、国土のほとんどが農牧業に適しているウルグアイでは牛の放牧が盛んでガウチョ（カウボーイ）文化が栄えている。

国旗 白は平和を、青は自由を表現している。左上隅にアルゼンチン同様に独立の象徴『5月の太陽』を描く。

国章 天秤は平等と正義、丘と頂上の要塞は力、飛びはねる馬は自由、牛は豊穣を表わす。

サッカー協会 エンブレムには4つの星がつけられているが、これは2度のW杯制覇と2度の五輪制覇を記している。

主なクラブ

CAペニャロール
国内最多48回の優勝。20世紀に最も成功を収めた南米クラブとの声も。

ナシオナル・モンテビデオ
国内2強の一角。CAペニャロールに継ぐ国内46回の優勝を誇る。

ウルグアイのクラシコ
CAペニャロールとナシオナルの対戦は南米で最も歴史あるダービーの一つ。

ダヌービオFC
ブルガリア出身の兄弟が設立。クラブ名は欧州東部を流れるドナウ川に由来。

デフェンソール・スポルティング
2強のCAペニャロールとナシオナル以外で初めて優勝を果たしたクラブ。

モンテビデオの一極集中
ウルグアイは首都モンテビデオに全人口の約4割が集中する極端な一極集中だが、サッカーにおいても2017シーズンの国内リーグ16チーム中11チームのホームがモンテビデオ。

6 スアレスも食べている？ 世界一の消費量を誇る牛肉料理

ウルグアイ代表エースのルイス・スアレスを筆頭に、ウルグアイの選手たちは屈強な肉体と激しいプレーで有名だ。その精神を作り上げているのはチャルーア族の誇りだが、たくましい肉体を作り上げているのは牛肉だ。ウルグアイはパンパとよばれる平原での畜産がとても盛んで、そこで育てた牛肉の消費量が世界一多い国。伝統のバーベキュー料理『アサード』やミックス焼肉『パリジャーダ』、牛肉サンドイッチ『チビート』などを街中の至るところで見ることができる。

7 ディエゴ・フォルランがMVP 2010年南アフリカW杯

南アフリカW杯では4位。フォルランはその後、C大阪でもプレーした。ちなみに、『世界一貧しい大統領』といわれたホセ・ムヒカ（下写真）やフォルランはスペインのバスク系ウルグアイ人。

8 古豪の復権 50万人が選手をお出迎え

2010年W杯でベスト4に入った際には、約50万人が凱旋パレードに参加した。いまはサポーター熱も、一時の低迷期より高まっている。ちなみに、ウルグアイと言えばマテ茶（右写真）が有名で、どこへ行くにもマテ茶を手放さないのがウルグアイ人。彼らにとっては、サッカー観戦にもマテ茶は必需品だ。

GENTINA

SOUTH AMERICA
67

大草原に築かれたヨーロッパ。アルゼンチンの独自性

　農業や牧畜に適したパンパとよばれる草原地帯が広がるアルゼンチン。大航海時代にはこの土地をスペインが支配していたが、19世紀に独立を達成すると、広大で豊かな土地を求めて、ヨーロッパから大量の移民がやってきた。もともとは『偉大な田舎』とよばれていた首都ブエノスアイレスだが、人口の増加と農牧業による経済発展によって急速に成長。多くの白人が行き交い、ヨーロッパ風の美しい建物が立ち並ぶ、『南米のパリ』と称される街へと変貌を遂げた。
　現在でもアルゼンチンにはヨーロッパ系の白人が多く、住民の90％以上を占める。特にイタリア系の人々が多いのも特徴で、アルゼンチン代表で言えば、かつてのエースであるディエゴ・マラドーナ、現代表のリオネル・メッシもイタリア系移民の血を引いている。
　そのマラドーナやメッシなど、非常に優れたアタッカーに恵まれているのがアルゼンチン代表の特徴である一方で、チーム全体での守りもうまい。『カテナチオ』とよばれる堅守で有名なイタリアと似ているのは興味深い点だ。
　南米の大自然の上に築かれた"ヨーロッパ"、アルゼンチンの独特な文化とサッカーに注目だ。

アルゼンチン

SOUTH AMERICA 68

目指すは3度目のW杯優勝。メッシはマラドーナを超えられるか

世界で3番目に古いリーグや南米最古のサッカー協会を持つアルゼンチンは、過去にW杯で2度優勝している。1度目は1978年の自国開催時。当時は国内の政治が不安定で大会開催を不安視する声もあったが、国民の熱狂的な盛り上がりの中、代表チームが意地を見せた。決勝戦ではアルゼンチン名物の紙吹雪がスタジアムに美しく舞い、W杯の歴史の中でも一つのハイライトとして語り継がれている。2度目は1986年のメキシコ大会で、ディエゴ・マラドーナがチームを引っ張った。有名な5人抜きドリブル、神の手ゴールもこの大会で生まれた。このマラドーナと比較されることが多いリオネル・メッシは、アルゼンチンに3度目のW杯優勝をもたらすことができるか。

データ

日本との時差
−12時間
サマータイムは未採用

人口
4,384万7,000人

言語
スペイン語

住民
イタリア系、スペイン系など欧州系が約97%、先住民系など約3%

首都・ブエノスアイレス

「南米のパリ」とよばれる美しい街並み

日本からの距離
約18,100km（飛行機で約25時間）

面積

278万400平方km（日本の約7.5倍）

通貨
アルゼンチン・ペソ（1アルゼンチン・ペソ＝約6円）

国内総生産／GDP
約61兆3,608億円（世界21位）

FIFAランキング 4位

サッカー人口 265万8,811人

南米選手権 出場41回　最高成績 優勝(14回)

代表チーム愛称 アルビセレステス（白と空色）

W杯 出場16回　最高成績 優勝(2回)

1930	1934	1938	1950	1954
1958	1962	1966	1970	1974
1978	1982	1986	1990	1994
1998	2002	2006	2010	2014

1 広大な草原パンパ アルゼンチンの原点

肥沃な大地が広がり、農牧業に適したパンパ。ここを目指してヨーロッパから移民がやってきたことで現在のアルゼンチンは形作られた。牧畜では牛や羊の放牧が盛んで、ガウチョが家畜を追う姿はアルゼンチンの原風景とも言える。また、農業でも小麦（右写真）やトウモロコシが多く生産されている。

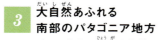

2 世界最大 イグアスの滝

『イグアス』とは先住民グアラニ族の言葉で「大いなる水」という意味。

3 大自然あふれる 南部のパタゴニア地方

パタゴニア地方は氷河など美しい自然を見ることができ、観光スポットとしても人気。ペンギンやクジラなども暮らす。

4 船に乗ってやってきた移民たち ブエノスアイレスは『南米のパリ』

19世紀にヨーロッパからの移民が船に乗って数多くやってきた。首都ブエノスアイレスの街並みは『南米のパリ』と称され、南米で最も美しい街の一つである。ちょっとした街角にもヨーロッパのような佇まいがある。

5 世界で3番目に古く 熱狂的なアルゼンチンリーグ

19世紀にイギリス人移民から伝わったサッカー。国内リーグは世界で3番目に古く、熱狂的なサポーターが多い。ブエノスアイレスが本拠地のCAボカ・ジュニアーズとCAリーベル・プレートの対戦は『スーペルクラシコ』とよばれ、世界一激しいと言われている。

ARGENTINA
アルゼンチン共和国

SOUTH AMERICA
69

情熱のダンス『アルゼンチンタンゴ』
世界的に人気がある情熱的なダンス『アルゼンチンタンゴ』は首都ブエノスアイレスが発祥。19世紀に貧しい移民たちの不満のはけ口として、男同士が港町の酒場で荒々しく踊ったのがその始まりとされている。

国旗 中央に独立のきっかけである5月革命に由来する、独立戦争の象徴『5月の太陽』。上下の青は空と海。

国章 中央の槍は力、上部のフリギア帽は自由を象徴し、握られた手は団結する意志を表す。

サッカー協会 アルゼンチンサッカーの父、アレクサンダー・ハットンが1893年に設立。南米最古のサッカー協会。

主なクラブ

CAボカ・ジュニアーズ
国内32回の優勝を誇る世界的名門。過去には高原直泰も所属した。

CAリーベル・プレート
国内最多36回の優勝を誇る名門だが、2011年に初の2部降格を経験。

CAサン・ロレンソ
現ローマ教皇フランシスコはアルゼンチン出身でサン・ロレンソのファン。

ラシン・クラブ
かつてはリーグ戦7連覇も記録。国内で3番目の優勝回数を誇る。

CAインデペンディエンテ
1972年から4年連続で南米王者に輝き、最多7度の王者となっている。

CAニューウェルズ・オールドボーイズ
イギリス系移民によって設立。幼少期のリオネル・メッシが所属したクラブ。

エストゥディアンテス・デ・ラ・プラタ
1967年にブエノスアイレスの5大クラブ以外で初めてリーグ優勝したクラブ。

6 1978年W杯決勝の美しき紙吹雪
アルゼンチンは紙吹雪の応援で有名。ピッチが紙で埋まり試合開始が遅れることも。

7 軍事政権下のW杯 重圧をはねのけ初優勝
1978年W杯は軍事政権下の異様な緊迫感の中、開催国の意地を見せて初優勝。

8 2度目のW杯優勝に導いた神の子・マラドーナ
1986年のメキシコW杯は、ディエゴ・マラドーナの大会として有名だ。それはエースとしてアルゼンチン代表を2度目の優勝に導いたからだけでなく、準々決勝でイングランドを相手に、『神の手』と『5人抜き』という二つの伝説的なゴールを披露したからでもある。

9 フォークランド紛争後 因縁の相手・イングランド
イングランドとの一戦は『因縁の対決』。それは、1982年にフォークランド諸島を巡ってイギリスと戦争をしたことや、ディエゴ・マラドーナの疑惑の『神の手ゴール』に起因する。

10 「メッシ、信じてる」スーパースター、いざW杯優勝へ
輝かしい実績を持つリオネル・メッシだが、唯一手にしていないタイトルがW杯優勝だ。一度は代表からの引退もほのめかしたが、ファンは「メッシ、信じてる」の横断幕を掲げた。

黄金郷伝説の国に、ゴールデンブーツあり

　かつてコロンビアには黄金郷『エル・ドラド』があったという伝説がある。多くの探検家がこの伝説に魅せられ黄金郷探索に挑戦したが、ついに発見することはできなかった。しかし、実際に金の装飾品は出土しており、コロンビアは金の産出国でもある。また、コロンビアはエメラルドの一大産地としても有名。世界最大の産出量を誇り、質も一級品だ。そのエメラルドの名を冠したコーヒー『エメラルドマウンテン』もコロンビア産。現地では希少価値と味の良さから、宝石にも例えられている。1990年代までは内戦や麻薬カルテルなど暗いイメージがあった国内も、近年は治安が良化し、国自体が輝きを放っている。

　そんなコロンビアからはサッカーにおいても煌めく才能がたくさん生まれている。2014年ブラジルW杯ではベスト8に進出し、ハメス・ロドリゲスが5試合で6ゴールを奪ってゴールデンブーツ賞(得点王)を獲得。その左足が世界の舞台で黄金色に輝いた。

　ついに発見されることはなかった黄金郷『エル・ドラド』。それは、サッカー界にあったのかもしれない。

SOUTH AMERICA
71

コロンビア

SOUTH AMERICA 72

輝く宝石、煌めく才能が眠る国
再び光を放つコロンビア

黄金郷伝説の国コロンビア。また、エメラルドや宝石に例えられるコーヒーなど、輝く名産品が数多くある。1990年代までは治安が悪く、コロンビア開催の予定だった1986年W杯が開催地変更となってしまったこともあるが、そんな時代にも才能あふれる個性的な選手たちがコロンビアからは生まれ、カルロス・バルデラマやファウスティーノ・アスプリージャ、レネ・イギータなどが躍動した。現代表もハメス・ロドリゲスやラダメル・ファルカオ、フアン・クアドラードら、煌めく才能を次々と輩出。国の治安が良くなったいまは、海外からの観光客も増えた。サッカーもかつての強さを取り戻し、ロシアW杯でも躍進が期待される。

日本との時差	−14時間（サマータイムは未採用）
人口	4,865万4,000人
言語	スペイン語
住民	先住民などとの混血75%、白人20%、黒人4%、先住民1%
日本からの距離	約14,300km（飛行機で約15時間）
首都	ボゴタ（標高2,640m。南米で3番目に高い首都）
面積	114万1,748平方km（日本の約3倍）
通貨	コロンビア・ペソ（1コロンビア・ペソ＝約0.04円）
国内総生産／GDP	約31兆8095億円（世界41位）

サッカー人口	304万3,229人
FIFAランキング	13位
南米選手権	出場 21回 最高成績 優勝
代表チーム愛称	ロス・カフェテロス（コーヒーメーカー）

W杯 出場 5回　最高成績 ベスト8

1930	1934	1938	1950	1954
1958	**1962**	1966	1970	1974
1978	1982	1986	**1990**	**1994**
1998	2002	2006	2010	**2014**

1 空港の名前にもつけられた黄金郷『エル・ドラド』
かつて黄金郷『エル・ドラド』があると言われたコロンビア。その伝説が根づく首都ボゴタには、出土した金の装飾品を展示する黄金博物館や伝説がその名の由来であるエル・ドラド国際空港がある。

2 上質なエメラルドの一大産出国
世界四大宝石の一つであるエメラルド。コロンビアはエメラルドの産出量が世界一。また、量だけでなく質も高く評価されており、コロンビアのエメラルドは一際鮮やかで美しいグリーンが特徴。世界最高級の品質を誇っている。

3 赤いダイヤモンドとよばれるコーヒー豆も
収穫前のコーヒー豆は赤い実で、"赤いダイヤモンド"とも言われている。コロンビアはコーヒーの生産量が世界3位。日本でも人気があり、特に『エメラルドマウンテン』が有名だ。

4 コロンビアの暗黒期 世界の麻薬ビジネスの中心に
1960年代に内戦が勃発すると、資金源として麻薬取引が横行。パブロ・エスコバルという麻薬王が作った麻薬密売組織『メデジン・カルテル』が勢力を拡大し、コロンビアは世界の麻薬ビジネスの中心になった。現在内戦は小康状態だが、完全に終結してはいない。

5 開催地変更となった幻の1986年コロンビアW杯
当初はコロンビアで開催予定だった1986年W杯だが、経済状態、治安の悪化により開催地がメキシコに変更された。

COLOMBIA
コロンビア共和国

SOUTH AMERICA 73

豊富な鳥類と名物鳥サポーター

地球上で最も多様な鳥類が生息する国の一つと言われているコロンビア。サッカーの応援では、華やかな鳥の格好をしたサポーターが名物となっている。

国旗 上半分を占める黄は豊富な金など鉱物資源、青は太平洋とカリブ海、赤は独立を意味している。

国章 自由を象徴するコンドルが描かれ、足の部分には『自由と秩序』と書かれている。

サッカー協会 16年ぶりに出場した前回のブラジルW杯でコロンビアはベスト8進出。フェアプレー賞も受賞した。

主なクラブ

ミジョナリオスFC チーム名の意味は『大富豪』。1950年代は世界最強クラブの一つだった。

インデペンディエンテ・サンタフェ コロンビアで最も歴史があり、重要なクラブの一つとされている。

ナシオナル・メデジン 国内最多の優勝回数を誇る強豪。南米王者にも2度も輝いている。

インデペンディエンテ・メデジン 標高1,500mのメデジンの街にあることから、チームの愛称は『赤い山』。

デポルティーボ・カリ カリの強豪。ミジョナリオスFCやナシオナル・メデジンとライバル関係。

アメリカ・デ・カリ 昔は水色、現在は赤いユニフォームを着用。チームの愛称は『赤い悪魔』。

---

6 英雄バルデラマと『エスコバルの悲劇』

金髪のアフロヘアーと糸を引くような正確なパスで世界を魅了したカルロス・バルデラマ。コロンビア代表を1990年から3大会連続W杯出場に導き、2度の南米最優秀選手に輝いた英雄だ。しかし、当時は国内の治安が悪く、1994年には同年のW杯でオウンゴールを献上した代表DFアンドレス・エスコバル（写真）が帰国後に射殺される悲劇も起こった。

7 才能あふれる問題児 元代表アスプリージャ

能力は疑いの余地がなく、高い得点力を発揮したが、トラブルメーカーでもあったファウスティーノ・アスプリージャ。問題行動は日常茶飯事で、練習場にピストルを持ち込んだこともあるという。

8 元代表イギータの『スコーピオンセーブ』

サソリの尾のように、海老反りになってかかとでボールを蹴り返す『スコーピオンセーブ』を披露した型破りなGKレネ・イギータ。ときにはドリブルで持ち上がることもあった。

9 代表最多得点記録を持つ現代表ファルカオ

ASモナコに所属するラダメル・ファルカオは現代最高のセンターFWの一人。そのプレースタイルから『世界で最後の偉大な典型的センターFW』と評されたこともある。

10 変幻自在のドリブルが武器 現代表クアドラード

ユベントスに所属するフアン・クアドラード。スピードとテクニックを併せ持つ変幻自在のドリブルで敵陣を切り裂く。得点力や守備力も兼ね備える。また、クアドラードを含め、コロンビア代表は得点後のダンスも魅力。

11 再生したコロンビアの象徴 ハメス・ロドリゲス

バイエルン・ミュンヘンに所属するハメス・ロドリゲス。2014年ブラジルW杯では得点王に輝いた現代表のエース。美しく華々しいその姿は、治安や経済が安定して、近代的に生まれ変わったコロンビアの象徴とも言える。

PER

SOUTH AMERICA 74
ペルー

長い眠りを経て再び現れた幻のインカ帝国とペルー代表

チチカカ湖が発祥の地とされるインカ帝国は首都クスコを中心に15世紀に大きく繁栄したが、1533年にスペイン人の侵略によって滅びた。その歴史を受け継ぐのがペルーだ。インカ帝国は文字を持たなかったため、現代でも多くの謎に包まれている。滅亡以降、長い間忘れ去られていた『空中都市マチュピチュ』が1911年にアンデス山中で発見されたときには世界中が驚いた。サッカーにおいても似たような経緯を持つペルー。1970～80年代に輝きを放ち、W杯ベスト8にも進出したが、その後長く低迷。しかし、ロシアW杯で36年ぶりの出場を決め、再び世界の舞台に現れた。長い眠りから覚めたペルー。ロシアではどんな輝きを見せてくれるのか。

日本との時差
−14時間
サマータイムは未採用

人口
3,177万4,000人

言語
スペイン語と先住民のケチュア語、アイマラ語が公用語

住民
先住民45%、先住民と白人の混血37%、白人15%、その他3%

日本からの距離
約13,500km（飛行機で約20時間）

首都・リマ

インカ帝国を征服したスペイン人が築いた

通貨
ヌエボ・ソル（1ヌエボ・ソル＝約34円）

面積

128万5,216平方km（日本の約3.4倍）

国内総生産／GDP
約21兆4,798億円（世界49位）

FIFAランキング
10位

サッカー人口
189万1,790人

南米選手権
出場 31回
最高成績 優勝（2回）

代表チーム愛称
ラ・ブランキロハ（白と赤）、ロス・インカス

W杯
出場 4回　最高成績 ベスト8（2回）

1930	1934	1938	1950	1954
1958	1962	1966	1970	1974
1978	1982	1986	1990	1994
1998	2002	2006	2010	2014

1　インカ帝国発祥の地　チチカカ湖
富士山よりも高所にあり、琵琶湖の12倍の広さを持つ。インカ帝国発祥の地とされる太陽の島もある。現在は葦で作った浮島に、先住民族が暮らしたりしている。

2　歴史を紡ぐ　世界遺産の街・クスコ
インカ帝国の首都だったクスコ。スペインの征服時に町は破壊され、現在はスペイン風の街並みが広がるが、一部にはインカ帝国時代の石組みなども残っている。

3　アンデス山中に現れた『空中都市マチュピチュ』
1911年にアメリカの探検家ハイラム・ビンガムによって発見された。インカ帝国は文字を持たなかったため、どのような目的で建設されたのかはいまだ謎に包まれている。

4　現代も続くインカの儀式『インティ・ライミ』
南米三大祭りの一つ。インティとは『太陽』を意味し、その年の収穫を感謝し、翌年の豊作を願う祭りとして、冬至の日に民族衣装を纏った人々が歌い踊り、神に感謝する。

PERU
ペルー共和国

SOUTH AMERICA
75

ふわふわの毛 アルパカ

アンデス地方に多く住む、全身が毛で覆われた動物。ペルーでは古くから家畜として飼われており、アルパカの毛を使ってさまざまな衣料品が作られている。

国旗 赤は愛国心、白は平和と進歩を表す。国章の付いたものが正式な国旗として国連、五輪などで使われる。

国章 左の動物ラマは生態系を象徴し、右は国花であるキナの木。下の財宝は鉱物の豊かさを表す。

サッカー協会 36年ぶりのW杯出場のため、大陸間プレーオフ前には代表の準備期間として国内リーグを約1カ月間中断。

主なクラブ

U ウニベルシタリオ・デポルテス
国内最多優勝。アリアンサ・リマ戦は『ペルービアン・クラシコ』とよばれる。

アリアンサ・リマ
ウニベルシタリオ・デポルテスに継ぐ国内優勝回数を誇る強豪。

スポルティング・クリスタル
クラブを経営しているのはクリスタルというペルー最大手のビール会社。

DM デポルティーボ・ムニシパル
ペルー代表のような赤いタスキのユニフォーム。澤昌克が所属している。

ウニベルシダ・サン・マルティン
2004年設立だが、豊富な資金力で近年優勝を重ねている新興クラブ。

FBCメルガル
ペルー最古のクラブの一つ。2015年に34年ぶり2度目のリーグ優勝。

フアン・アウリチ
2011年、PK戦の末にアリアンサ・リマを下して、リーグ戦で初優勝。

5 ペルーから世界へ 数々の野菜の原産地
日本でも馴染み深いジャガイモ、トマト、トウモロコシはペルーが原産地。スペイン征服後に世界に広まった。これらの野菜も使ったペルー料理は近年世界で注目されている。

6 金、銀、銅 鉱物資源の宝庫
黄金の装飾が施されたインカ帝国時代の出土品など、ペルーは昔から鉱物が豊富なことで有名。現在も、金、銀、銅どれをとっても世界トップクラスの産出量を誇る。

7 W杯ベスト8に2度進出 黄金の1970年代
伝説的DFエクトル・チュンピタスやペレにも認められた名FWテオフィロ・クビジャス(写真)らを擁し、1970年メキシコ大会、1978年アルゼンチン大会ではベスト8に進出した。

8 長い眠りから覚めたペルー 36年ぶりのW杯出場
大陸間プレーオフを制し、出場32カ国中32番目にロシア行きを決めたペルー。36年ぶりの出場だ。エースのファルファンはシャルケ時代の内田篤人の相棒である。

NORTH, CENTRAL AMERICA AND CARIBBEAN

MEX

不変の強さ。それを支えるアステカの誇り

　15世紀から16世紀にかけてアステカ帝国が栄えたメキシコ。その名残は現在もあり、メキシコという国名はアステカの言語で『メシトリの地』という意味。『メシトリ』とはアステカ族の守護神で、国家の独立と繁栄の願いを込めたと言われている。国内にはアステカ時代の遺跡が数多く残り、首都メキシコシティには『アステカ・スタジアム』がある。
　また、メキシコは大国に立ち向かってきた歴史を持つ国でもある。アステカ帝国を滅ぼして長らくこの地を支配したスペインを相手に独立戦争を起こし、アメリカと領土を巡って戦ったこともある。そういった歴史を象徴しているのがメキシカンスタイルの大人気プロレス『ルチャリブレ』だ。小柄なマスクマンが多いのが特徴で、アステカなどの文化的影響から神聖視されており、人前では決してマスクを脱がない。アステカの誇りを受け継ぐ小柄なマスクマンが、華麗な動きで屈強な大男に立ち向かう。サッカーも同様だ。小柄な選手は比較的多いが、巧みなパスサッカーで相手に挑み、W杯6大会連続ベスト16進出と不変の強さを見せている。

NORTH, CENTRAL AMERICA
79

NORTH, CENTRAL AMERICA 80
メキシコ

天然資源を背景に経済発展
目指すは史上最多3度目のW杯開催

メキシコは、かつてオルメカ文明やマヤ文明といった古代文明が栄え、15世紀から16世紀にはアステカ帝国が出現した。近年は世界有数の天然資源国（石油や銀など）であることを背景に、経済が発展してきた。すると国内のサッカーリーグも資金や環境が充実するようになり、近隣諸国からもトップレベルの選手が集まってきている。2017年には本田圭佑のCFパチューカ加入も大きな話題となった。そうした好調な経済を背景に、"3度目のW杯開催"を目指している。1回目は1970年、2回目は1986年、そして3回目は米国、カナダとタッグを組んで2026年W杯の開催地に立候補。3カ国での共同開催で、もし実現すればW杯開催数でトップに躍り出ることになる。

日本との時差: −15時間（サマータイムは−14時間）

人口: 1億2,863万2,000人

言語: スペイン語

住民: 先住民とスペイン系白人の混血60%、先住民30%、白人など10%

日本からの距離: 約11,400km（飛行機で約13時間）

首都・メキシコシティ

アステカ時代からの首都に建つスペイン風の街

通貨: メキシコ・ペソ（1メキシコ・ペソ＝約6円）

面積: 196万4,375平方km（日本の約5倍）

国内総生産／GDP: 約117兆7,683億円（世界15位）

FIFAランキング 16位

サッカー人口: 847万9,595人
北中米カリブ海選手権: 出場 22回 最高成績 優勝（10回）
代表チーム愛称: エル・トリ（3色）

W杯 出場 15回　最高成績 ベスト8（2回）

1930	1934	1938	1950	1954
1958	1962	1966	1970	1974
1978	1982	1986	1990	1994
1998	2002	2006	2010	2014

1 古代文明が栄えた地。予言で決められた首都の位

15世紀から16世紀にかけてアステカ帝国が栄えたメキシコ。現在の首都メキシコシティのある場所には、かつてはアステカ帝国の首都テノチティトランがあった。『蛇を咥えた鷲がサボテンにとまっている土地を都とせよ』という予言の元、アステカ人がこの地を発見し、湖を干拓して大都市を築いたのだ。そのため、メキシコシティの中央広場からはアステカの世界観や暦が刻まれた『太陽の石（アステカカレンダー）』（写真）も発掘されている。またこの地にはアステカ以前にも古代文明があり、ピラミッドも作られていた。アステカ人はこの古代ピラミッドを『ティオティワカン』（上写真）と名づけて崇拝していた。

2 スペインの侵略を受け、アステカ帝国が滅亡

1521年にスペインの侵略でアステカ帝国は滅亡。その後約300年間スペインの支配地となったが、1821年に『独立の父』とよばれるミゲル・イダルゴをリーダーとし独立。現在のお札にもイダルゴの顔がある。

3 テキサスを巡ってアメリカと戦争

独立後の1846年、メキシコの領地だったテキサスを巡ってアメリカと戦争。敗れて土地を奪われた。左の写真は現在のアメリカ（左）とメキシコ（右）の国境地域の様子。

4 歴史ある中央広場ソカロ

メキシコシティの中央広場ソカロは政治的な中心地で重要な場所。アステカ時代もこの地に神殿などが立ち並んでいた。

5 発展著しいメキシコ経済

石油などの資源輸出やアメリカとの自由貿易協定で、経済成長が著しく、首都には近代的なビルが並ぶ。

MEXICO メキシコ合衆国

NORTH, CENTRAL AMERICA
81

『太陽の国』のソンブレロ

『太陽の国』とよばれ日差しも強いメキシコで伝統的に用いられている帽子がソンブレロ。つばが広く、首筋や肩も日差しからさえぎってくれる。メキシコのシンボルの一つ。

国旗 緑は独立を、白は信仰心を、赤は統一を表している。国旗の中央には国章が描かれている。

国章 『蛇を加えた鷲がサボテンにとまっている』図は、アステカ神話の予言に由来している。

サッカー協会 エンブレムの中央にはアステカカレンダーが描かれ、その上に国章同様に鷲が止まっている。

主なクラブ

 クラブ・アメリカ
国内最多優勝。他クラブのライバルを引き抜くなど『悪役』も請け負う。

 CFパチューカ
メキシコ最古のサッカークラブ。現在は本田圭佑が所属している。

 クルス・アスルFC
新旧のメキシコ代表や南米各国の代表選手が集う人気クラブの一つ。

 CDグアダラハラ
メキシコ国籍選手のみで構成される、最も人気のあるクラブ。

 CFモンテレイ
2000年以降に躍進。北中米カリブ海チャンピオンズリーグを3連覇したこともある。

 デポルティーボ・トルーカFC
メキシコで最も成功したクラブの一つ。国内10度の優勝回数を誇る。

6 かつて10万人を収容。伝説のアステカ・スタジアム
1970年、1986年とW杯を2度開催。両大会とも決勝の舞台は首都にあるアステカ・スタジアムで、かつて10万人を収容した。1986年大会では、マラドーナの『神の手』『5人抜き』という二つの伝説的なゴールもここで生まれた。

9 メキシコ流のサポーター
メキシコの伝統的な帽子であるソンブレロや、ルチャのマスクを被ってサッカー観戦をするサポーターも多い。

10 メキシコグルメの定番タコス
気軽に食べられ、サッカー観戦のお供にも最適。

11 荒涼とした大地とサボテン これぞメキシコの風景
国の北部は、乾いた大地にサボテンが生え、メキシコらしい風景が広がる。

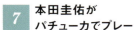

7 本田圭佑がパチューカでプレー
経済発展により環境が整い、レベルも高いメキシコリーグ。2017年7月14日には、ACミランに所属していた本田圭佑が強豪パチューカへの移籍を発表し、大きな話題となった。

8 W杯6大会連続ベスト16 強豪国メキシコ代表
高い組織力と小気味良いパスワークで世界の強豪国として知られるメキシコ代表。自国開催のW杯では2度ともベスト8に進出し、近年は1994年アメリカW杯から6大会連続ベスト16という好成績を残す。ロシアW杯予選も1位で突破した。

12 国もサッカーも象徴する 大人気プロレス『ルチャリブレ』
ルチャリブレとはメキシカンスタイルのプロレスのこと。小柄なマスクマンが見せる軽やかな空中技が見どころの一つ。メキシコにおいて、非常に高い人気を得ている国民的な娯楽だ。また、アステカの影響を受けた小柄な男たちが、華麗な動きで屈強な大男に立ち向かう構図は、メキシコの歴史や、サッカー代表チームの戦い方にも通じている。

NORTH, CENTRAL AMERICA 82

コスタリカ

自然と平和を愛する国の美しきジャイアントキリング

コスタリカとはスペイン語で『豊かな海岸』の意味。その名にふさわしく、美しい海岸や、広い熱帯雨林に多様な動植物が暮らす自然の楽園だ。またコスタリカは、『幸福な国』としても知られる。豊かな国土や温暖な気候に加え、軍隊を持たないこと、整った教育や社会福祉などが背景にある。そんな国が2014年ブラジルW杯で世界を驚かせた。ウルグアイ、イタリア、イングランドという優勝経験がある3カ国が同居するグループを1位で突破し、ベスト8にまで進出したのだ。平和と自然を愛する国が見せた、堅固な守備と鋭い攻撃。そこから生まれたジャイアントキリングはとても美しい光景だった。

基本情報

日本との時差 −15時間
サマータイムは未採用

日本からの距離
約13,300km（飛行機で約20時間）

面積
5万1100平方km（九州と四国を合わせた面積）

人口：485万7,000人

言語：スペイン語

住民：白人および混血95%、黒人3%、先住民など2%

首都・サンホセ

山々に囲まれた落ち着いた街並み

通貨：コスタリカ・コロン（1コスタリカ・コロン＝約0.2円）

国内総生産／GDP：約6兆4,898億円（世界74位）

サッカー情報

FIFAランキング 22位

サッカー人口：108万4,588人

北中米カリブ海選手権：出場 19回　最高成績 優勝（3回）

代表チーム愛称：ロス・ティコス（コスタリカ人）

W杯：出場 4回　最高成績 ベスト8

1930	1934	1938	1950	1954
1958	1962	1966	1970	1974
1978	1982	1986	**1990**	1994
1998	**2002**	**2006**	2010	**2014**

1 大自然が溢れる国。エコツーリズムが盛ん

大自然が溢れる国。自然や歴史を保護しながらそれを体験する『エコツーリズム』も非常に盛んだ。映画『ジュラシック・パーク』の舞台のモデルになった島もある。

2 『生き物の楽園』。ナマケモノやウミガメも

国土の約1/4が国立公園・自然保護区であり『生き物の楽園』となっている。ナマケモノなどを見ることもできるほか、ウミガメの世界的産卵地でもあることでも有名。

3 選挙は子どもも巻き込んでお祭り的に

コスタリカでは選挙が子どもまで巻き込んだ、お祭り的イベントとなっている。子どもは小さいころ参加することで選挙や民主主義の大切さを学んでいく。

4 軍隊を持たない国　軍事費を教育と福祉に

国が軍隊を持たないため、軍事費にかかる費用が、教育や社会保障に多く割り当てられている。そのため識字率は96%、病院などの医療サービスは無料で受けることができる。

TARICA

COSTA RICA
コスタリカ共和国

NORTH, CENTRAL AMERICA
83

国旗 白は平和、青は空、赤は自由のために流した血を表し、その上には国章が描かれている。国章を除く場合もある。

国章 カリブ海と太平洋、国内の主要な3つの山、大航海時代の船などが描かれている。

サッカー協会 代表チームのホーム・エスタディオ・ナシオナルは、2014年にU-17女子日本代表がW杯で優勝したスタジアム。

『火の鳥』のモデル ケツァール

広大な熱帯雨林に多様な動植物が暮らすコスタリカ。手塚治虫氏の漫画『火の鳥』のモデルとも言われているケツァールなど、カラフルな鳥類も多く見られる。

（地図ラベル）
- プンタレナス
- アラフエラ
- エレディア
- サンホセ
- カルタゴ

主なクラブ

デポルティーボ・サプリサ
国内最多33回の優勝を誇り、北中米カリブ海王者にも3度輝く名門。

CSエレディアーノ
サプリサ、LDアラフエレンセと並ぶ強豪。国内26回の優勝を誇る。

CSカルタヒネス
歴史的な街カルタゴがホーム。設立は1906年で、コスタリカで最古のクラブ。

LDアラフエレンセ
サプリサ、CSエレディアーノと並ぶ強豪。国内29回の優勝を誇る。

サプリサがクラブW杯3位

2005年、デポルティーボ・サプリサが北中米カリブ海王者として日本開催のクラブW杯に出場。準決勝で欧州王者のリバプールに敗れたが、3位決定戦ではアジア王者のアル・イテハドに勝利し、3位に輝いた。

5 経済成長の一因 コスタリカコーヒー
かつては世界で最も貧しい地域の一つだったが、第2次世界大戦以降はコーヒー、バナナの輸出や政治の安定で経済が成長。コスタリカコーヒーは現在も世界的に人気。

6 1990年イタリアW杯 "最弱国"が一度目の番狂わせ
W杯初出場を果たした1990年イタリア大会。最弱との評価を受けていたがグループステージでスウェーデン、スコットランドを破る番狂わせを演じベスト16に進出した。

7 FC東京でもプレーした "カリブの怪人"ワンチョペ
パウロ・ワンチョペはウエスト・ハムやマンチェスター・シティ、マラガなどで活躍した元コスタリカ代表のエース。2007年にはFC東京でもプレーしたことがある。

8 2014年ブラジルW杯 2度目の番狂わせ
GKナバスを中心とした堅い守備から鮮やかなカウンターを繰り出し、ウルグアイやイタリアといった強豪国を破ってコスタリカ史上初のベスト8。ロシア大会はいかに。

NORTH, CENTRAL AMERICA 84

パナマ

世界をつないできた"十字路"パナマがいざW杯へ初航海

パナマといえばパナマ運河。1914年に完成すると、南北アメリカ大陸で分断されていた、太平洋とカリブ海、大西洋がつながり、人、物の移動が飛躍的に向上した。また、パナマは北アメリカ大陸と南アメリカ大陸をつなぐところに位置している。つまり、世界をつなぐ十字路なのだ。ただし、さまざまな物資の輸送中継地点となったため麻薬の輸送、密売ルートにもなった。1989年には麻薬撲滅を掲げたアメリカの軍事侵攻を受けたが、アメリカが撤退し、パナマ運河の主権が返還されたのは1999年だった。そんなパナマが、2018年、世界へと飛び出す。悲願のW杯初出場だ。これまで世界をつなぐ役割を果たしてきた国の初航海。その結末はいかに。

日本との時差

−14時間
サマータイムは未採用

日本からの距離

約13,600km
（飛行機で約20時間）

面積

7万5,320平方km
（北海道よりやや小さい）

人口
399万人

言語
スペイン語

住民
先住民と白人の混血65％、先住民12％、黒人9％、白人7％

首都・パナマシティ

太平洋に面したパナマ運河の入り口の都市

通貨
バルボア（1バルボア＝約112円）

国内総生産／GDP
約6兆1,912億円（世界75位）

FIFAランキング **49**位

サッカー人口
20万3,400人

北中米・カリブ海選手権
出場 9回
最高成績 準優勝（2回）

代表チーム愛称
ロス・カナレロス（運河の男たち）

W杯
出場 初出場

1930	1934	1938	1950	1954
1958	1962	1966	1970	1974
1978	1982	1986	1990	1994
1998	2002	2006	2010	2014

1 太平洋とカリブ海、大西洋をつなぐパナマ運河

1914年にアメリカの支援を受けて運河を完成させた。しかし、完成以降は運営を長らくアメリカが行っていたため、運河の主権を巡って次第にアメリカと対立することに。

2 北アメリカと南アメリカをつなぐアメリカ橋

2004年にもう一つの橋が建設されるまでは、運河によって分断された南北アメリカ大陸を陸路で結ぶ唯一の橋だった。この橋もアメリカによって建設された。

3 アメリカ軍によるパナマ侵攻

1989年、アメリカが麻薬撲滅を理由にパナマへ軍事侵攻。突然パラシュートでアメリカの兵隊がパナマに降りてきた。この軍事侵攻で多くの市民が犠牲になった。

4 アメリカを抜き、劇的なW杯初出場決定！

ロシアW杯予選の最終節。パナマは終了間際に決勝点をあげてコスタリカに勝利。一方、アメリカが敗れたため、アメリカを抜いて劇的にW杯初出場を決めた。

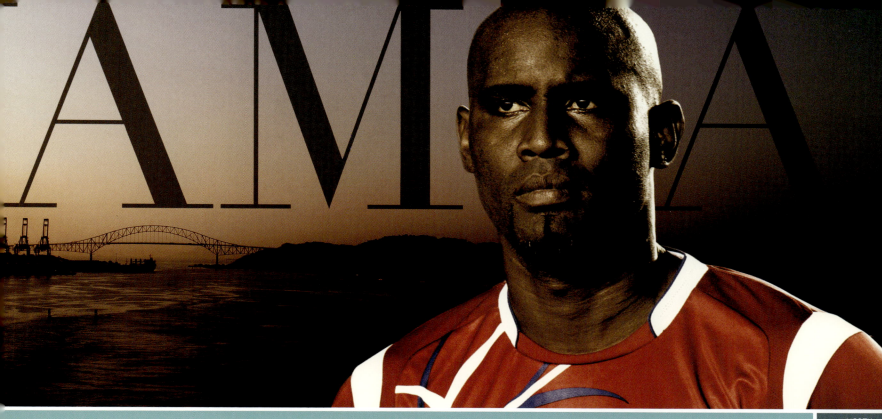

PANAMA
パナマ共和国

NORTH, CENTRAL AMERICA 85

サトウキビ畑とジュース、蒸留酒

パナマ国内には広大なサトウキビ畑が広がっている。熱帯に位置するパナマの人々は、昔からこのサトウキビで作る蒸留酒やサトウキビジュースで喉を潤していた。

国旗 青と赤はかつての2大政党を象徴。青い星は清廉潔白、赤い星は政治の権威と国の発展、白は平和を示す。

国章 国鳥である扇鷲は独立の象徴。くわえているリボンには『世界の利益のため』と書かれている。

サッカー協会 2015年に開催された北中米カリブ海選手権では、0勝5分1敗で3位という珍記録を残した。

主なクラブ

タウロFC
創設者がユベントスファンだったため、白黒のユニフォームとなった。

チョリージョFC
フラッグのフェニックスはパナマ侵攻での米軍の砲撃からの復興を表す。

スポルティング・サン・ミゲリト
現在のチーム名になったのは2007年。2013年にリーグ戦で初優勝を果たした。

CDプラサ・アマドル
クラブ名はパナマの初代大統領マヌエル・アマドル・ゲレロに由来。

CDアラベ・ウニド
アラブからの移民が設立したクラブ。国内最多15回の優勝を誇る。

サン・フランシスコFC
クラブ名はチョレラの守護聖人であるサン・フランシスコ・デ・パウラに由来。

アトレティコ・ベラグエンセ
2003年にチーム名を変更。『ラ・プリマベーラ』から現在のものになった。

5 大統領も祝福し翌日は国民の休日に
歴史的なW杯初出場を決め、国全体が喜びに沸いたパナマ。フアン・カルロス・バレラ大統領もこれを祝福し、試合の翌日を国民の休日とした。

6 W杯予選の期間中に現役代表選手が銃撃で他界
現在も治安が悪い地域があるパナマ。2017年4月15日には、代表選手だったアミルカル・エンリケスが銃撃で命を落とした。チームは彼のためにも戦い、W杯出場を決めた。

7 バルデス兄弟兄はJリーグでもプレー
パナマ出身で欧州クラブでも活躍した"点取り屋"フリオ・デリー・バルデス。双子の兄ホルヘ・ルイス・デリー・バルデスは札幌、大宮などでもプレーし、得点を量産した。

8 白いハットのパナマ帽だがしかし…
日本でもかぶっている人が多い、おしゃれな夏用のつばつき帽子『パナマ帽』。パナマという名がついてはいるが、その起源は実はパナマではなくエクアドルである。

AFRICA

- 🇪🇬 エジプト
- 🇲🇦 モロッコ
- 🇹🇳 チュニジア
- 🇳🇬 ナイジェリア
- 🇸🇳 セネガル

AFRICA
89

エジプトに希望をもたらすファラオの目覚め

エジプト代表の愛称は『ファラオズ』。ファラオとは古代エジプトの王様のことだ。

エジプトは古代エジプト文明の魅力で溢れている。壮大な『ギザの三大ピラミッド』や『スフィンクス』を筆頭に、神秘的な『ツタンカーメンの黄金のマスク』やミイラ、多くの王様が眠る『王家の谷』など、挙げ始めればキリがなく、それらは古代エジプトがいかに高度で強大な文明だったかを物語っている。

そんな国のサッカー代表チームもアフリカ屈指の強豪である。アフリカ選手権で他の追随を許さない最多7回の優勝を果たしており、アフリカサッカー界のファラオとも言える。しかし、なぜかW杯予選では結果を出すことができない。過去にも2回しかW杯に出場したことがなく、最後の出場は1990年のイタリア大会だ。以降、世界の檜舞台に姿を表すことはなく、眠り続けていたファラオズ。しかし、ロシアW杯アフリカ予選では本来の実力を遺憾なく発揮し、1試合を残して本大会出場を決めた。

28年ぶりに目を覚ましたファラオズ。その活躍は、近年不安定な国内情勢が続く国民の希望となっている。

AFRICA 90

エジプト

歴史深きアフリカの盟主
28年ぶりに世界の舞台に立つ

エジプト国内には数多くの古代遺跡が存在するが、それらはみな、世界一長い川として有名なナイル川に沿って分布している。国土に広大な砂漠が広がるエジプトだが、このナイル川の流域は栄養が豊かな土地となっており農作物も育つ。そうした土壌がエジプト文明の発展を促したのだ。現在でもアフリカ最大級の都市カイロを始め、エジプトの都市のほとんどがこのナイル川沿いに集中している。そんなアフリカの盟主エジプト代表チームのW杯デビューは早く、1934年イタリアW杯にアフリカ勢として初出場。しかしその後は縁がなく、1990年大会（こちらもイタリアで開催された）に出場したのみだった。今回、28年ぶりのW杯出場に国民の期待は高まっている。

日本との時差

−7時間
サマータイムは−6時間

日本からの距離

約9,700km
（飛行機で約15時間）

面積

100万2,000平方km
（日本の約2.7倍）

人口
9,338万4,000人

言語
アラビア語

住民
アラブ系が99.6%、ほかはベルベル人、ヌビア人、ギリシャ系、アルメニア系

首都・カイロ

ナイル川下流にあるアフリカ最大級の都市

通貨
エジプト・ポンド（1エジプト・ポンド＝約6円）

国内総生産／GDP
約37兆7,650億円（世界31位）

FIFAランキング 30位

サッカー人口	313万8,110人
アフリカ選手権	出場 23回 最高成績 優勝（7回）
代表チーム愛称	ファラオズ

W杯 出場 2回　最高成績 1次リーグ敗退

1930	**1934**	1938	1950	1954
1958	1962	1966	1970	1974
1978	1982	1986	**1990**	1994
1998	2002	2006	2010	2014

1 古代エジプトの『黄金のマスク』象形文字など高度な文明

『黄金のマスク』で有名なツタンカーメンもファラオの一人だ。また古代エジプトの遺跡や出土品には『象形文字』が刻まれているものも多数あり、当時から高度な文明が発達していたことを物語る。

2 壮大な遺跡が多数 世界中から集まる観光客

『ギザの三大ピラミッド』や、『カルナック神殿』、『ルクソール神殿』、『アブ・シンベル神殿』など、壮大な建造物や遺跡が各地に点在するエジプト。その多くが世界遺産に登録され、世界中から観光客が訪れている。

3 砂漠の国に恵みをもたらす 母なるナイル川

国土の大部分を砂漠が占めるエジプトだが、ナイル川流域には肥沃な土地が広がるため農業も盛んで、市場にはオレンジやトマトといった果物や野菜が並んでいる。

4 アフリカ最大級の世界都市 ナイル河口の首都カイロ

ナイル川の河口付近にある首都カイロは、アフリカ最大級の世界都市。新市街には近代的な街並みが広がるが、世界遺産に登録されている旧市街はイスラム文化の影響が色濃い。路上ではエジプトのパン『アエーシ』なども売っている。

EGYPT
エジプト・アラブ共和国

AFRICA 91

『ギザの三大ピラミッド』が有名で、最も大きい『クフ王のピラミッド』は、世界7不思議の一つ。周囲にはライオンの体と人間の顔を持った『スフィンクス』の巨大像も。

エジプトと言えばピラミッド

国旗 赤、白、黒の三色旗はアラブ統一を目指したシリア、イラク、イエメンと共通。中央に金色の鷲の国章。

国章 『サラディンの鷲』とよばれ、黄金の鷲が『エジプト・アラブ共和国』と書かれた帯を持つ。

サッカー協会 2012年のロンドン五輪では、準々決勝で日本と対戦し、そのときは日本が3-0で勝利。

主なクラブ

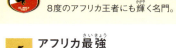

アル・マスリSC リーグ戦優勝経験はないが強豪クラブの一つであり、人気のある5大クラブの一つ。

アル・イスマイリーSC 戦い方やユニフォームがブラジル代表に似ているため、愛称は『ブラジリアン』。

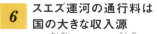

アル・アハリSC リーグ戦、カップ戦双方で30回以上優勝。8度のアフリカ王者にも輝く名門。

アル・イテハド・アレクサンドリア リーグ戦優勝経験はないが強豪クラブの一つであり、3番目に多くのファンを持つ。

ペトロジェットFC 現在のホームはスエズだが、かつてはカイロ国際スタジアムをホームとした。

アル・ザマレクSC 人気実績を二分するアル・アハリSCとの一戦は『エジプトダービー』とよばれる。

---

5 アフリカ最強 エジプト・プレミアリーグ

アフリカチャンピオンズリーグ最多優勝でクラブW杯でもおなじみのアル・アハリSCや、優勝回数2位タイのアル・ザマレクSCなどアフリカ屈指の強豪がひしめく。ただし、暴動などの影響でたびたび中止となる。

6 スエズ運河の通行料は国の大きな収入源

1869年に完成したスエズ運河。アフリカ大陸をまわらずにヨーロッパとアジアを結ぶ最短航路で、多くの船が通るため、通行料はエジプトにとって大きな収入源となっている。

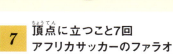

7 頂点に立つこと7回 アフリカサッカーのファラオ

アフリカ選手権で最多7回の優勝を誇るエジプト代表。長らく代表チームを最後方で支え、歴史を見てきたベテランGKエサム・エル・ハダリ（左写真）は2018年で45歳に。出場すればW杯史上最高齢選手の記録更新。

8 SNSで火がついたエジプト革命 独裁政権が終わる

チュニジアの革命がSNSで急速に拡大。エジプトも触発され2011年にデモや騒乱が起こり、約30年間独裁政権を維持していたムバラク大統領が辞任に至った。

9 国民の期待を背負うエジプト代表 エースはモハメド・サラー

ロシアW杯アフリカ予選のコンゴ共和国戦、リバプールFCに所属するエース、モハメド・サラーの2得点で28年ぶりにW杯出場を決めたエジプト。革命以降、国内情勢が不安定な中、ファラオズが国民の希望となっている。

| AFRICA 92 | モロッコ |

南に砂漠、北に海峡
ヨーロッパに最も近いアフリカ

南部にはアフリカの代名詞とも言えるサハラ砂漠が広がるが、ヨーロッパに最も近いアフリカの国、それがモロッコだ。ジブラルタル海峡を挟んで目と鼻の先がスペイン。対岸が見える近さなので、古くからヨーロッパと深く関わってきた。国内にはローマ帝国時代の遺跡やスペインに領地を奪われたままの地域がある。カサブランカの町並みなどはフランス色が強い。サッカーも早くから伝わり、1956年に独立したあとは、サッカー好きとして知られた前国王ハッサン2世の後押しを受けてとても盛んになった。現在の代表選手も多くがヨーロッパでプレーし、アフリカの身体能力と、ヨーロッパの組織戦術が融合したサッカーを見せる。

日本との時差

−9時間
サマータイムは−8時間

日本からの距離
約11,600km
（飛行機で約16時間）

面積

44万6,550平方km
（日本の約1.2倍）

人口
3,481万7,000人

言語
公用語はアラビア語とベルベル語。フランス語も通用

住民
アラブ系65％、ベルベル系30％

首都・ラバト

落ち着いた佇まいは「庭園都市」と呼ばれる

通貨
モロッコ・ディルハム（1モロッコ・ディルハム＝約12円）

国内総生産／GDP
約11兆3,855億円（世界58位）

FIFAランキング 48位

サッカー人口	162万8,016人
アフリカ選手権	出場 16回 最高成績 優勝
代表チーム愛称	アトラスの獅子

W杯
出場 4回　最高成績 ベスト16

1930	1934	1938	1950	1954
1958	1962	1966	**1970**	1974
1978	1982	**1986**	1990	**1994**
1998	2002	2006	2010	2014

1　サハラ砂漠と先住民ベルベル人

国土の南部にはサハラ砂漠が広がる。もともとこの地域にはラクダを連れた遊牧民ベルベル人が暮らしていた。現在も国の人口の約30％がベルベル系で、ベルベル語を話す。

2　ジブラルタル海峡　スペインまでわずか14km

ジブラルタル海峡は、狭いところでその距離約14km。アフリカ大陸とヨーロッパ大陸が最も近づく場所だ。古くからここを渡って人々が大陸間を行き来していた。

3　ローマ帝国時代の名残り　モロッコの凱旋門

古代にローマ帝国の西の端に位置する重要な都市として栄えた『ヴォルビリス』の遺跡があるモロッコ。現在は世界遺産に登録され、遺跡内には凱旋門も立っている。

4　モロッコの中にあるスペイン『セウタ』と『メリリャ』

『セウタ』と『メリリャ』はモロッコにあるスペインの飛び地。かつてこの地をスペインが支配し、現在も領地のままだ。欧州を目指す移民の目的地にもなっている。

ROCCO

MOROCCO
モロッコ王国

AFRICA
93

国旗 中央に緑の『ソロモン王の印章』がある。これは国の安泰、国民への神の守護を象徴している。

国章 起源はモロッコ王章にある。アトラス山脈と太陽の前に緑色の五芒星が描かれている。

サッカー協会 2017年8月11日、王立モロッコサッカー連盟は、2026年W杯開催地としての立候補を表明した。

日本でも大人気の タジン鍋
とんがり帽子のような形をしており、蒸された食材から上がる水蒸気が、水滴となって食材へ戻る造り。乾燥した地域が多いモロッコならではの水分をムダにしない工夫だ。

主なクラブ

 FARラバト
人気クラブの一つ。1958年、のちに国王となるハッサン2世によって設立。

 ウィダード・カサブランカ
国内最多優勝を誇る強豪。『ウィダード』とは愛、友情という意味。

 MASフェズ
モロッコ有数のサポーターグループ『フェイタル・タイガース』を持つ。

 FUSラバト
1946年に設立されたクラブ。2015-16シーズンにリーグ戦で初優勝を果たした。

ラジャ・カサブランカ
2013年クラブW杯で開催国枠として初の準優勝。『ラジャ』は希望という意味。

KACマラケシュ
1947年に設立されたクラブ。過去に2度のリーグ戦優勝経験がある古豪。

5 フランスの香り漂う モロッコ最大都市カサブランカ
20世紀、フランスとスペインに分割支配されたモロッコ。カサブランカは当時の面影を残すフランス風の建物と近代的なビル、イスラム文化が混ざり合う大都市。

6 日本代表も2000年に出場 ハッサン2世国王杯
前国王のハッサン2世が国際大会を開催。日本代表も2000年に出場し、西澤明訓がフランス戦で決めたダイナミックなジャンピングボレーは衝撃的だった。

7 ロレーヌの真珠 元代表ムスタファ・ハッジ
1998年にアフリカ最優秀選手にも輝いた名選手。幼いころにフランスへ移り住み、司令塔として、フランス、スペイン、イングランドなどのクラブで大活躍した。

8 無敗・無失点で 2018年ロシアW杯へ
ロシアW杯アフリカ予選では、強豪コートジボワールらと同組だったが、ユベントスに所属するCBメディ・ベナティアを中心に、無敗・無失点で本大会出場を決めた。

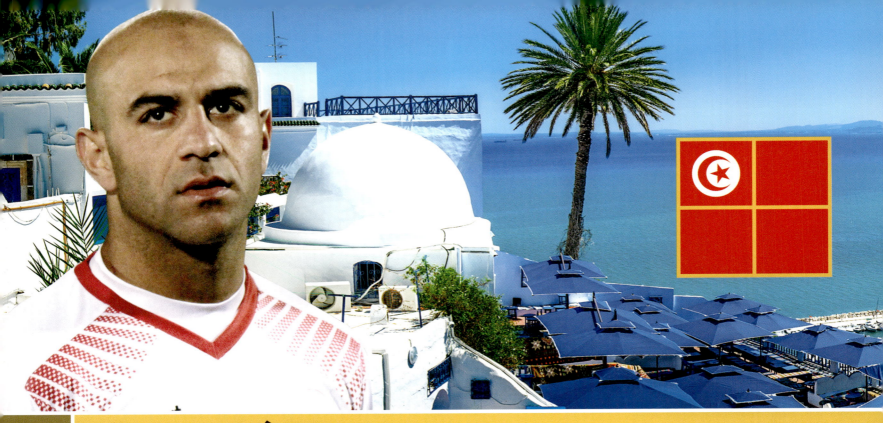

AFRICA 94 チュニジア

地中海文化の交差点
組織守備が特徴の『カルタゴの鷲』

地中海に面し、イタリアとも近いチュニジア。海沿いには地中海文化の影響を受けた街並みも見られるのが特徴だ。またチュニジア代表は『カルタゴの鷲』という愛称でよばれている。『カルタゴ』とは地中海貿易で栄えた古代の都市国家。ハンニバル・バルカ将軍に率いられ、ローマ帝国とも対等にわたり合った。勇敢なカルタゴの戦士たちを鷲に例えて、代表チームをそうよぶようになった。また、貿易国家であったカルタゴのDNAは現代にも受け継がれ、イタリアやフランスとの貿易が盛ん。観光地としても多くの外国人が国内を行き交っている。サッカーにおいてもヨーロッパ文化を取り入れた組織守備が特徴だ。

日本との時差	人口
−8時間 サマータイムは未採用	1,137万5,000人
	言語
	公用語はアラビア語。フランス語も通用
	住民
	アラブ人98％、欧州系1％、その他1％
日本からの距離	首都・チュニス
約10,600km（飛行機で約15時間）	 地中海に面したチュニジア最大の都市
面積	通貨
16万3,610平方km（日本の約5分の2）	チュニジア・ディナール（1チュニジア・ディナール＝約45円）
	国内総生産／GDP
	約4兆7,209億円（世界86位）

FIFAランキング 28位

		W杯		
サッカー人口 52万5,264人	出場 4回		最高成績 GS敗退	
アフリカ選手権 出場 18回 最高成績 優勝	1930	1934	1938	1950	1954
	1958	1962	1966	1970	1974
代表チーム愛称 カルタゴの鷲	1978	1982	1986	1990	1994
	1998	2002	2006	2010	2014

1 地中海貿易で繁栄した古代都市国家『カルタゴ』

紀元前3世紀ころ、地中海貿易で富をたくわえ、ローマ帝国と並ぶ強国となった『カルタゴ』。首都・チュニスの郊外には遺跡が残っており、世界遺産に登録されている。

2 ローマ史上最強の敵 戦略の天才ハンニバル

ローマ帝国との戦いにおいて、天才的な戦術を披露し後世まで語り継がれたハンニバル・バルカ将軍。その戦術は現在でも研究対象として各国の軍隊から参考にされている。

3 チュニジアにもコロッセオ？『エル・ジェムの円形闘技場』

繁栄を極めたカルタゴだが、紀元前2世紀にはローマ帝国に滅ぼされてしまう。その後はローマの重要都市として栄え、ローマのコロッセオに匹敵する円形闘技場も作られた。

4 現在も盛んな商業 旧市街のスーク

貿易都市カルタゴのDNAを受け継ぐチュニジア。チュニスやスースなどの旧市街にあるスーク（市場）は、現在も人々で賑わい、あらゆる物、文化が混在している。

TUNISIA

TUNISIA
チュニジア共和国

AFRICA 95

国旗 イスラム教国の特徴である三日月と星が使われている。関係が深いトルコの赤と白の三日月旗がモデル。

国章 船、剣を持ったライオン、天秤が描かれ、船の下には『自由、秩序、公正』と記されている。

サッカー協会 エンブレムの中央には国旗と同様の赤い三日月と星、そしてその後ろには、鷲が描かれている。

地中海の太陽が育んだオリーブ製品

スペイン、イタリア、ギリシャなど地中海沿岸ではオリーブの栽培が盛んだが、チュニジアも生産量が世界トップクラス。そこから作られるオリーブオイルも有名だ。

主なクラブ

 エスペランス・スポルティブ・ドゥ・チュニス
国内最多優勝、アフリカ王者にも2度輝くアフリカ屈指の名門クラブ。

 クラブ・アフリカーン
国内屈指の強豪。エスペランスとの一戦は『チュニジア・ダービー』とよばれる。

 CSスファクシアン
2014年には元日本代表監督のフィリップ・トルシエも指揮した強豪。

 エトワール・スポルティブ・ドゥ・サヘル
クラブ名は『サヘルの星』という意味。2007年のクラブW杯で4位。

 JSケルアン
緑と白がチームカラー。過去に一度だけリーグ戦で優勝したことがある。

日韓W杯で日本と対戦
2002年の日韓W杯では日本と対戦。森島寛晃、中田英寿の得点で日本が2-0で勝利した。

5 イタリアやギリシャのような美しき青と白の街
チュニジアで一番美しい街と言われ、観光地としても人気の『シディ・ブ・サイド』。青と白の壁で作られた街は、地中海でつながるイタリアやギリシャでも見られる光景だ。

6 『アラブの春』の発端 ジャスミン革命
2010年から2011年にかけてチュニジアで起こった革命(民主化運動)のこと。SNSで急速にほかのアラブ諸国へも広がり、この一連の動きは『アラブの春』とよばれた。

7 ハリルジャパンの初陣 チュニジア戦
2015年3月のハリルジャパン初陣の相手がチュニジアで、2-0で日本が勝利。なおハリルホジッチ監督は日本代表の前はチュニジアの隣国アルジェリア代表の監督だった。

8 ヨーロッパの雰囲気が漂う組織的なプレー
2018年ロシアW杯アフリカ予選を無敗で突破したチュニジア代表。突出した選手はいないが、ヨーロッパの雰囲気が漂う、組織的な守備からの鋭い攻撃が特徴だ。

NIG

ポテンシャル抜群の『スーパーイーグルス』

ナイジェリアの人口は約1億9,000万人。世界で7番目に多く、アフリカでは最多だ。国連の予測では2050年までにはアメリカを上回り、世界3位になると言われている。また、ナイジェリアは石油や天然ガスが豊富な国でもある。そうした天然資源の輸出で近年は急速な経済成長を遂げており、現在ではアフリカ最大の経済大国になっている。

サッカーもアフリカ屈指の強豪国である。代表チームの愛称は『スーパーイーグルス』で、特に若い世代が強いのが特徴だ。1996年のアトランタ五輪では金メダルを獲得。高い身体能力を生かして強豪国を次々と打ち破り、世界を驚かせた。2016年のリオデジャネイロ五輪でも銅メダルを獲得。また、U-17W杯ではサッカー王国ブラジルを上回り、世界最多5回の優勝を果たしている。

W杯ではまだベスト16以上の成績を残したことがないが、人口が増え、経済が成長している国と同じく、ポテンシャルは十分だ。6度目の挑戦となる2018年のロシアW杯。『スーパーイーグルス』はこれまで以上に高く飛び、再び世界を驚かせることができるか。

AFRICA 96

AFRICA 98

ナイジェリア

天然資源に恵まれ成長を続ける『アフリカの巨人』

アフリカ最多人口を誇り、『アフリカの巨人』の異名をとるナイジェリア。かつては『奴隷海岸』とよばれ、多くの黒人奴隷がナイジェリアから南北アメリカ大陸に運ばれたが、現在はこの地から石油や天然ガスが世界中に輸出され、経済成長の要因になっている。しかし、経済成長と人口増加によって都市部には車があふれ、交通渋滞が悪化。近代的な街並みが広がる一方で、国民全体には利益が回らず、経済格差も深刻化している。サッカーの代表チームに目を向けても、選手へのボーナスの支払いが遅れたり、それによって不満が溜まり、力を出し切れないことも多い。ポテンシャルは十分だが、課題もまだまだ多いようだ。

基本情報

日本との時差: −8時間（サマータイムは未採用）

日本からの距離: 約12,700km（飛行機で約20時間）

面積: 92万3,768平方km（日本の約2.5倍）

人口: 1億8,698万8,000人

言語: 公用語は英語。ほかにハウサ、イボ、ヨルバ、フラニなど民族語多数

住民: ハウサ、イボ、ヨルバ、フラニなど。全体で250以上の民族がある

首都・アブジャ

市街地中心部は日本の建築家丹下健三の設計

通貨: ナイラ（1ナイラ＝約0.3円）

国内総生産／GDP: 約45兆6380億円（世界26位）

サッカー情報

FIFAランキング: 41位
サッカー人口: 665万3,710人
アフリカ選手権: 出場17回　最高成績 優勝（3回）
代表チーム愛称: スーパーイーグルス

W杯: 出場 5回　最高成績 ベスト16（3回）

1930	1934	1938	1950	1954
1958	1962	1966	1970	1974
1978	1982	1986	1990	**1994**
1998	**2002**	**2006**	**2010**	**2014**

---

1 南北アメリカへ運ばれたたくさんの奴隷たち

ナイジェリア西部の海岸地帯はかつて『奴隷海岸』とよばれた。奴隷商人は現地の部族に武器などを渡し、その武器の対価として、ほかの部族を襲わせ奴隷を獲得した。

2 ナイジェリア南部は動植物の宝庫＆資源の産出地

ナイジェリアの南部には熱帯雨林が広がり、珍しい蝶などの生息地になっている。また、南部はナイジェリア経済の中心である石油・天然ガスの主な産出地でもある。

3 増え続ける人口と「世界最悪」の交通渋滞

世界で7番目に多い人口を有するナイジェリア。その数は今後も増え続けると予測され、国連の発表では2050年までには、世界3位の約4億人になると言われている。そんなナイジェリア人の主食はキャッサバ（写真）やヤムイモで、国内でも多く生産されている。これらを練ってお餅のようにして食べるのが一般的。また、人口が増え続ける一方で、道路などの整備は進まず、都市部では交通渋滞が深刻な問題となっている。特にアフリカ最大規模の都市ラゴスの渋滞はひどく、「世界最悪」とも言われている。

4 石油＆天然ガスで経済が発展

石油や天然ガスの輸出で経済成長が著しく、都市部では近代的なビルも立ち並ぶが、資源に頼った経済や、一部の富裕層による利益の独占が問題にもなっている。

5 なくならないスラム街 深刻化する経済格差

国が経済成長し、街が大きな発展を遂げる一方で、貧困層にはその利益が回っておらず、経済格差も大きな問題となっている。依然としてスラム街に暮らす人々は多く、最大都市ラゴスでは、急激な人口増加によって住む土地がないため、『マココ』という水上に広がるスラム街もあるほどだ。

NIGERIA
ナイジェリア連邦共和国

AFRICA 99

熱帯雨林に暮らす絶滅危惧種の『ドリル』
ナイジェリア南部に広がる熱帯雨林には、マンドリル属に分類されるサルの『ドリル』が生息している。ドリルの顔は真っ黒で、マンドリルのような鮮やかな色ではない。

国旗 1960年の独立時に大学生がデザイン。緑は豊かな自然と肥沃な農耕地、白は統一と平和を表す。

国章 黒い盾は良質な土、緑と白の帯は豊かな農地、白い模様は川、白馬は気品、鷲は力を表す。

サッカー協会 1945年に設立された。エンブレムにはサッカーボールの上に止まった緑の鷲が描かれている。

主なクラブ

カノ・ピラーズFC
国内優勝4回。2012、2013、2014年にはリーグ3連覇を達成している。

シューティング・スターズSC
国内5回の優勝を果たし、屈指の人気を誇っているチームの一つ。

エニンバ・インターナショナルFC
国内最多タイ7回の優勝を誇り、2003、2004年にアフリカ王者にも輝いた強豪。

エヌグ・レンジャーズ・インターナショナルFC
国内最多タイ7回の優勝。オーガスティン・オコチャがデビューしたクラブ。

MFM.FC
キリスト教ペンテコステ派の組織が完全所有している新興クラブ。

国内リーグで八百長も…
ナイジェリアではクラブの多くは政治家や実業家のもの。恵まれた資源は国を豊かにしたが、不正と経済格差も生み、サッカー界では八百長が常態化。2013年には6部で79-0や67-0というスコアも。

6 ナイジェリア代表の愛称『スーパーイーグルス』
ナイジェリア代表の愛称は『スーパーイーグルス』。国章にも、サッカー協会のエンブレムにも鷲が描かれている。

7 驚異の身体能力で五輪金メダル

1996年のアトランタ五輪では、驚異の身体能力を発揮してアフリカの国として初の金メダルを獲得し、世界を驚かせたナイジェリア。グループステージでは日本とも対戦し、2-0で勝利。決勝トーナメントではブラジルやアルゼンチンを破った。

8 197cmのテクニシャン 注目を集めたヌワンコ・カヌ
アトランタ五輪で活躍し注目を集めたヌワンコ・カヌ。197cmと長身で手足も長い上に、テクニックもあった。ヨーロッパのクラブでも活躍し、2012年に引退した。

9 問題を乗り越えて 2014年リオデジャネイロ五輪で銅メダル

2014年リオ五輪では資金難で飛行機代の支払いなどに問題を抱えていたが、試合当日に現地入りした初戦・日本戦に勝利。最終的に銅メダルを獲得。

SENEGAL

AFRICA 100

セネガル

おもてなしの国のライオンが ロシアで牙を剥く

その大木に10tもの水を蓄えるバオバブの木が国章にも描かれているセネガル。代表チームの愛称は『テランガのライオン』。『テランガ』とは"助け合い"や"おもてなし"などの意味を持つセネガル独特の文化だ。それは食事のときによく表れ、友人や隣人、お腹を空かせていれば知らない人でさえも招いて、大皿を囲んで手で食べる。他人をもてなし、困っているときには助け合う。幸せを分け与え、幸せをもらう。そんな平和な文化がセネガルには根づいている。一方で、サッカーにおいては、高い身体能力と攻撃力が武器。2002年の日韓W杯では開幕戦で優勝候補のフランスを破ってベスト8まで進出し、世界中に強烈な印象を残した。

日本との時差

−9時間
サマータイムは未採用

人口
1,558万9,000人

言語
公用語はフランス語。ウォロフ語、プル語など

住民
ウォロフ39%、プル27%、セレール15%など

日本からの距離

約13,700km
（飛行機で約22時間）

首都・ダカール

かつてダカール・ラリーの終着点だった

面積

19万6,712平方km
（日本の約半分）

通貨
CFAフラン（1CFAフラン＝約0.2円）

国内総生産／GDP
約1兆6,571億円（世界115位）

FIFAランキング 32位

サッカー人口
66万1,685人

アフリカ選手権
出場 14回
最高成績 準優勝

代表チーム愛称
テランガのライオン

W杯
出場 1回　最高成績 ベスト8

1930	1934	1938	1950	1954
1958	1962	1966	1970	1974
1978	1982	1986	1990	1994
1998	**2002**	2006	2010	2014

1 不思議な形をした バオバブの木

幹が太く不思議な形をしたバオバブの木は、アフリカなどのサバンナ地帯に多く分布している。スーパーフルーツと評される実は、ビタミンCやミネラルが豊富だ。

2 『テランガ』とは 助け合いやおもてなし

電車やバスで席を譲ったり、街中で困っている人がいれば助けるといった文化が根づいているセネガル。その象徴が、友人や隣人などをもてなし、みんなで大皿を囲む食事だ。

3 漁業が盛んなセネガル 日本にも輸出

寒流と暖流がぶつかる大西洋の潮目に面したセネガルは漁業が盛ん。マグロ、カツオなどが捕れるほか、海外にも輸出され、タコやイカなどは日本のスーパーにも並ぶ。

4 フランス統治下の 影響を残すサン・ルイ島

かつてはフランスの植民地だったセネガル。その影響は料理に見られるほか、世界遺産に登録されているサン・ルイ島などには当時の雰囲気を残す建物も多く残っている。

SENEGAL
セネガル共和国

AFRICA 101

世界有数の落花生の生産地
セネガルは落花生の生産量が世界有数。フランス領時代に栽培が始まり、料理に使われたり、そのまま食べたり、ピーナッツオイルにしたりと用途はさまざまだ。

国旗 緑は農業と希望、黄色は富、赤は血と苦難と努力を表す。希望と勇気を表す星を除き分離したマリと同じ。

国章 盾には国力を示すライオン、バオバブの木、セネガル川を表す緑の波が描かれている。

サッカー協会 1960年に設立。エンブレムには国旗と同じ緑、黄、赤の配色でライオンが描かれている。

ASジェネレーション・フット
2000年に設立された新興クラブ。2017シーズンにリーグ戦で初優勝を果たした。

主なクラブ

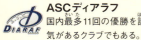

ASCディアラフ
国内最多11回の優勝を誇る強豪。最も人気があるクラブでもある。

ASCジャンヌ・ダルク
ASCディアラフに継ぐ優勝回数を誇る名門だが、近年は下部リーグに。

ASドゥアネス
2006年から3連覇を達成するなど、近年最も結果を残しているクラブの一つ。

カーサ・スポーツ・ド・ジガンショール
セネガル南西部にあるカザマンス地方で最も人気があるクラブ。

5 詩人としても活躍 セネガル初代大統領
フランスからの独立後に初代大統領となったレオポール・セダール・サンゴールは国民に愛され、スタジアムや空港の名前になっているほか、詩人としても世界的に有名だ。

6 フランスを撃破した 2002年日韓W杯開幕戦
W杯初出場の日韓大会開幕戦でかつて支配されていたフランスと対戦。2年連続アフリカ最優秀選手にも輝いたエル・ハッジ・ディウフらの活躍で勝利し、世界を驚かせた。

7 ユニフォームにも描かれる 『テランガのライオン』
セネガル代表の愛称は『テランガのライオン』。セネガルにおいてライオンは国民的な動物で、サッカー協会のエンブレムにもユニフォームにも描かれている。

8 4大会ぶり2度目 2018年ロシアW杯出場
ロシアW杯アフリカ予選では、主審のジャッジが公平性を欠いたとして再試合なども経験したが、リバプールのサディオ・マネらの活躍で、2度目の本大会出場を決めた。

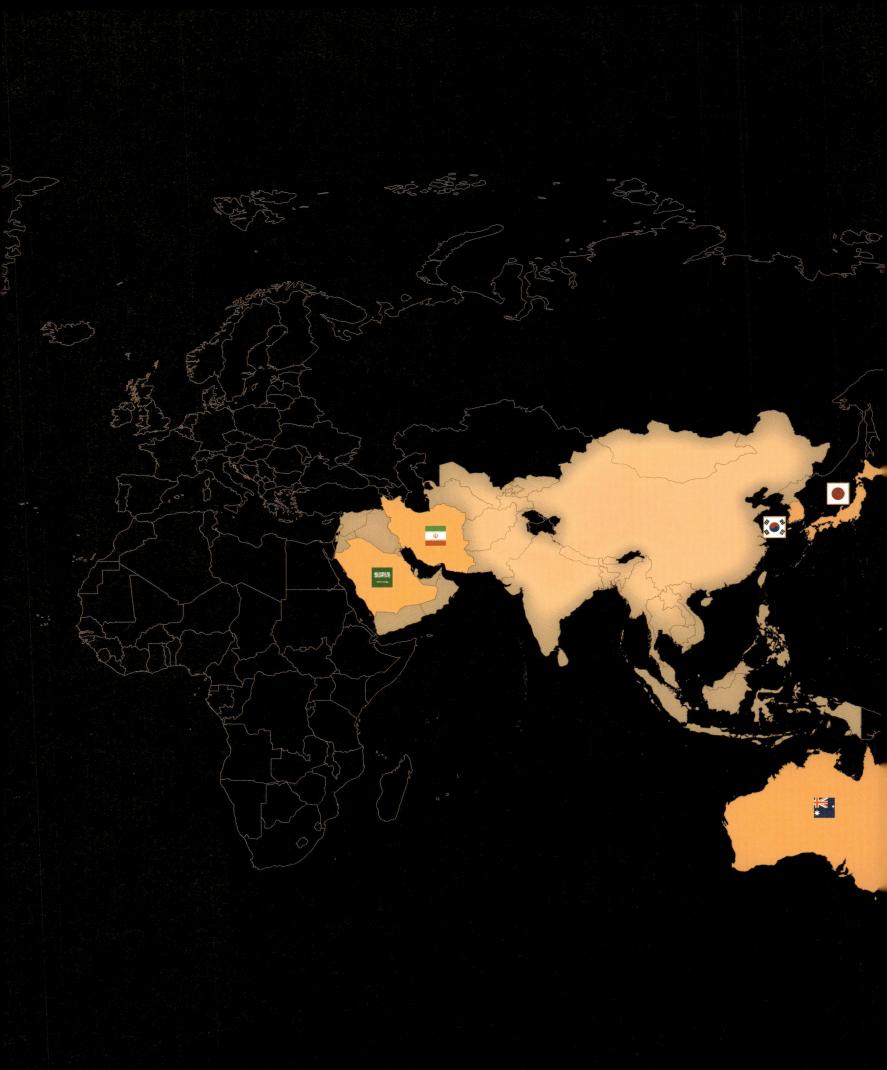

ASIA

- 日　本
- 韓　国
- イラン
- サウジアラビア
- オーストラリア

ASIA
104

第2次世界大戦で敗戦国となったあと、奇跡的な経済復興を遂げた日本。さまざまな分野でその存在を世界に発信し続けてきた。「日本といえば？」と質問をすれば、世界中からさまざまな答えが返ってくるだろう。新幹線、自動車、ロボットといった工業分野から、浮世絵、着物、盆栽といった伝統文化、寿司、天ぷらなどの和食、さらにはアニメ、マンガといったポップカルチャーまで、日本文化は大きな広がりを見せている。
そして近年、世界の中で急速にその存在感を強めているのがサッカーだ。「日本と言えば？」という問いに「サッカー」と答える海外の人はまだ少ないかもしれないが、1993年にJリーグが開幕し、1998年にはW杯初出場。2002年には自国開催のW杯でベスト16に進出し、いまでは海外でプレーする日本人選手は増え続けている。ロシアW杯アジア最終予選もグループ首位で突破を果たした。
かつてはサッカー弱小国とも評価されていたが、この20年でW杯常連国となり、世界で一定の評価を得るまでに急成長を遂げた。「日本といえばサッカー」。そんな答えが当たり前のように返ってくる日も確実に近づいている。

伝統文化、工業力、そしてサッカー
世界に発信する『ジャパン』

JAP

ASIA 106 日本

人口
1億2,709万4,745人

言語
日本語

住民
日本人、中国人、朝鮮人など

首都・東京

世界最大の人口を有す。世界4大都市の一つ

通貨
円

国内総生産／GDP
約553兆606億円（世界3位）

東京五輪から東京五輪へ
グローバル化と日本のさらなる進化

第2次世界大戦後に経済大国へと成長した日本。1964年の東京五輪開催、世界トップクラスの高速鉄道である新幹線の普及はその象徴だ。街並みも大きく変化し、東京は世界最大の都市に変貌を遂げた。以前から日本の伝統文化は高く評価されていたが、グローバル化が急速に進む世界の中で、近年はポップカルチャーも世界的な人気を得ている。サッカーも負けていられない。世界中でプレーされているサッカーこそ、グローバル化の最前線。そこでいかに日本の存在感を示していけるか。海外リーグに挑戦する日本人選手は年々増加傾向にあり、また、Jリーグにもさまざまな国から選手がやってくるようになった。そして、2020年には再び東京で五輪が開催される。世界に『ジャパン』を発信する絶好機だ。

FIFAランキング 44位

サッカー人口 480万5,150人

アジアカップ 出場 8回 最高成績 優勝（4回）

代表チーム愛称 サムライ・ブルー

W杯 出場 5回　最高成績 ベスト16（2回）

1930	1934	1938	1950	1954
1958	1962	1966	1970	1974
1978	1982	1986	1990	1994
1998	2002	2006	2010	2014

1 経済成長を促した 1964年の東京五輪開催
五輪開催がきっかけで、新幹線や高速道路などの交通網が整備され、TVの販売が増加するなど、経済成長につながった。

2 経済大国・日本、世界都市・東京 重要性を増す英語教育
急速な成長で世界トップクラスの経済大国となった日本。近代的な高層ビルが立ち並び、世界都市へと発展した東京を筆頭に、外国人観光客は年々増えている。グローバル化に対応するための英語教育もこれまで以上に重要になってきている。

3 工業大国・日本の象徴 進化し続ける新幹線

1964年の東京五輪開催をきっかけに開通し、日本の工業力や経済発展の象徴となってきた新幹線。2015年には北陸新幹線、2016年には北海道新幹線が開通した。その技術は海外からも高く評価されている。今後はさらに速いリニア新幹線（写真）も導入予定。

4 日本経済を支える 世界中で大人気の日本車
日本経済を支えている自動車産業。機能性の高さや頑丈さから世界中で愛され、トヨタの販売台数は世界有数だ。

5 世界を魅了する 伝統文化

ゴッホなど海外の有名な画家にも大きな影響を与えた浮世絵を始め、日本庭園、盆栽、着物など、日本の伝統的な文化は世界でとても高い評価を得ている。また、京都の清水寺（写真）など、神社・仏閣へ訪れる外国人観光客も年々増えている。

6 いまや日本文化の代名詞 ポップカルチャー
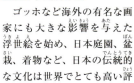
マンガやアニメはいまや日本を代表する文化だ。日本のサッカーアニメが海外の有名選手に与えた影響も大きい。

JAPAN 日本国

ASIA 107

世界中で愛され文化として認められた『和食』

寿司、天ぷらを始め、海外にも多くのレストランがある『和食』は、健康的で見た目も美しく、世界中で愛されている。2013年12月にはユネスコの無形文化遺産に登録された。

面積 37万7970.75平方km

南西諸島

東京

国旗 起源は諸説あるが、江戸時代には日本船と外国船を見分けるために使われたといわれ、1999年に法律で規定された。

国章 皇室が使用してきた菊の紋章が、伝統的に国章の扱いを受けている。法令で定められてはいない。

サッカー協会 エンブレムに描かれているのは、日本神話で天皇を目的地に導いたとされる八咫烏(やたがらす)。

主なクラブ(2017年のJ1クラブ)

横浜F・マリノス (1991年加盟)	大宮アルディージャ (1999年加盟)	北海道コンサドーレ札幌 (1998年加盟)
ジュビロ磐田 (1994年加盟)	ヴァンフォーレ甲府 (1999年加盟)	柏レイソル (1995年加盟)	ベガルタ仙台 (1999年加盟)
ヴィッセル神戸 (1997年加盟)	ガンバ大阪 (1991年加盟)	アルビレックス新潟 (1999年加盟)	FC東京 (1999年加盟)	鹿島アントラーズ (1991年加盟)
サガン鳥栖 (1999年加盟)	サンフレッチェ広島 (1991年加盟)	セレッソ大阪 (1995年加盟)	清水エスパルス (1991年加盟)	川崎フロンターレ (1999年加盟)	浦和レッズ (1991年加盟)

7 1993年Jリーグ開幕 拡大する日本サッカー

開幕時には10クラブだったが、1999年にJ2、2014年にJ3が創設。現在もクラブ数は増え続け、2017年には54クラブが加盟。広がり続けるJリーグが日本サッカーを支えている。

8 1998年 W杯初出場

1998年のフランスW杯で世界に進出。2002年には日韓W杯を開催し、ベスト16まで勝ち上がった(左写真)。

9 活躍の場を広げる日本サッカー 各国のリーグで活躍する日本人選手

1998年フランスW杯後にペルージャへ移籍した中田英寿を皮切りに、日本サッカーの成長とともに海外のトップリーグに移籍する選手も増え続けてきた。現在では長友佑都、香川真司らヨーロッパのビッグクラブで活躍する選手や、メキシコで存在感を放つ本田圭佑など、世界中で日本人選手が躍動している。

日本代表の海外組変遷

大会	海外組人数	主な選手
98年フランスW杯	0人	-
02年日韓W杯	4人	稲本潤一、中田英寿
06年ドイツW杯	6人	高原直泰、中村俊輔
10年南アフリカW杯	4人	長谷部誠、本田圭佑
14年ブラジルW杯	12人	長友佑都、香川真司
18年ロシアW杯アジア最終予選 豪州戦(ベンチメンバー23人)	16人	大迫勇也、吉田麻也

10 ロシアW杯を引き寄せた若手の台頭

ロシアW杯アジア最終予選では井手口陽介や浅野拓磨ら若手の台頭も目立った。

11 さらなる進化を示す 2020年東京五輪

久保建英ら新世代の活躍が期待される2020年東京五輪。サッカーのみならず、科学やIT分野などでのさまざまな新技術の導入も見込まれ、さらなる日本の進化に世界が注目している。

KOREA

ASIA 108 韓国

朝鮮半島の南にいる『アジアの虎』
9大会連続W杯出場中

『アジアの虎』とよばれる韓国は朝鮮半島の南に位置する国だ。第2次世界大戦後の1948年に朝鮮半島は北緯38度線を境に分断され、韓国と北朝鮮という二つの国が生まれた。1950年には半島の主権を巡って朝鮮戦争が起こり、1953年に休戦したときの軍事境界線が現在の国境となっている。その後、1960年代以降に飛躍的な経済成長を遂げ、ヒュンダイやサムスンなど世界的な企業も生まれた。しかし、現在も朝鮮戦争は終わったわけではなく、休戦状態。そのためいまだ徴兵制を採用しており、例外を除いてサッカー選手も兵役につかなければならない。なお、韓国代表は2018年ロシア大会でW杯9大会連続出場。ロシアでは、虎視眈々と上位進出を狙っている。

日本との時差

0時間
サマータイムは未採用

人口
5,050万4,000人

言語
韓国語

住民
朝鮮民族（漢民族）

日本からの距離

約1,000km（飛行機で約2時間30分）

首都・ソウル

ソウル都市圏に韓国国民のおよそ半分が住む

面積

10万284平方km（日本の約4分の1）

通貨
ウォン（1ウォン＝約0.1円）

国内総生産／GDP
約158兆7,096億円（世界11位）

FIFAランキング 62位

サッカー人口 109万4,227人
アジアカップ 出場13回 最高成績 優勝（2回）
代表チーム愛称 アジアの虎

W杯 出場 9回　最高成績 4位

1930	1934	1938	1950	1954
1958	1962	1966	1970	1974
1978	1982	1986	1990	1994
1998	2002	2006	2010	2014

1　韓国代表の愛称『アジアの虎』

勇敢で知恵もある虎は民話などによく登場する韓国の国民的動物。現在は絶滅したが、かつては野生の虎が韓国にも生息していた。北朝鮮にはいまも生息しているという。

2　終戦ではなく休戦 現在も継続中の朝鮮戦争

韓国と北朝鮮が朝鮮半島の主権を巡って争った朝鮮戦争。1953年に休戦に至ったものの、終戦ではなく休戦状態であるため、現在も戦時中ということになる。

3　『アジア四小龍』。またの名を『アジアの4匹の虎』

1960年から1990年代までに急速な工業化を果たし、経済成長を見せた韓国、香港、台湾、シンガポールのよび名。首都ソウルなどは国際的な大都市に発展した。

4　サッカーにも関わる 韓国が誇る世界的大企業

現在、韓国経済の中心を担っているヒュンダイ自動車（写真）やサムスン電子は世界的な大企業。世界中でサッカークラブや国際大会のスポンサーを務めている。

KOREA REPUBLIC
大韓民国

ASIA
109

**韓国人のパワーの源
スタミナ満点・韓国料理**

高麗人参などを使った薬膳料理や、唐辛子を用いたキムチ、チゲなど辛い料理はスタミナ満点。焼肉やビビンバなども含めて、日本でもとても人気がある。

国旗 『太極旗』とよばれ、中央の円は太極(宇宙)を表し、陽と陰、善と悪などを示している。

国章 国花のムクゲを図案化したもの。中央に太極図、下部には『大韓民国』と記されている。

サッカー協会 19世紀末にイギリスの船員から韓国にサッカーが伝わったとされる。エンブレムには虎が描かれる。

主なクラブ

 FCソウル
過去には前園真聖、エスクデロ競飛王、高萩洋次郎が所属した首都クラブ。

 釜山アイパーク
現在は安田理大がプレーしている。過去には渡邉大剛が所属した。

 済州ユナイテッドFC
2017年アジアチャンピオンズリーグのラウンド16では浦和と激闘。

 蔚山現代FC
現在は阿部拓馬がプレーしている。過去には家長昭博らが所属した。

 全北現代モータースFC
アジアチャンピオンズリーグ2回、国内5回の優勝を誇るアジア屈指の強豪。

 水原三星ブルーウィングスFC
韓国が誇る世界的企業サムスンがスポンサー。過去には高原直泰が所属。

 城南FC
国内最多7回の優勝を誇る名門。かつては城南一和というチーム名だった。

**5 2年間の兵役義務
免除されるケースもあり**

韓国では、サッカー選手であっても男性は19歳から29歳の間に約2年間兵役につく義務がある。ただし、国際大会で大きな結果を残すと兵役免除となるケースもある。

**6 韓国代表のレジェンド
パク・チソン**

マンチェスター・ユナイテッドで長年活躍した韓国代表のレジェンド、パク・チソン。2002年日韓W杯ベスト4のメンバーでもあるため、兵役は免除されている。

**7 韓国の伝統スポーツ
テコンドー**

テコンドーは韓国で生まれたスポーツ・格闘技の一種で韓国の国技。五輪では多くの韓国人選手がメダルを獲得している。空手と比べて蹴り技の種類が多い。

**8 古くからのアジアの強豪
日本とも競い合う**

1954年スイス大会でW杯に初出場した韓国。アジアでは古くから強豪で、激闘を重ねてきた日本との一戦は「アジアのクラシコ(伝統の一戦)」とよばれることも。

IRAN

ASIA 110
イラン

屈強なペルシャ人
アジアの中の特異な存在

現在イランのある地域には、かつてペルシャという強大な帝国が栄えていた。いまも各地に遺跡が点在し、その繁栄を伝えている。当時から生産されていたペルシャ絨毯は、ペルシャ文化、芸術を代表する優れた工芸品で、シルクロードを伝って世界中に広まり、現在でも非常に人気がある。またアーリア人を祖先とするペルシャ人は、ほかの中東の国々や東アジアの国々などと異なり、体格的にはヨーロッパ人に近い。アジアの中でイラン代表の屈強さが際立っているのもそのためだろう。ロシアW杯アジア最終予選は無敗で首位突破を決めた。また屈強なだけでなくテクニックにも優れており、フットサルではアジアの絶対的王者として君臨している。

日本との時差
−5時間30分
サマータイムは−4時間30分

人口
8,004万3,000人

言語
公用語はペルシャ語

住民
ペルシャ人61%、トルコ（アゼルバイジャン）系イラン人16%、クルド人10%、ほかにアラブ系など

首都・テヘラン

多くの人でにぎわうバザール（市場）

日本からの距離
約7,500km
（飛行機で約14時間）

面積
162万8,750平方km
（日本の約4.4倍）

通貨
イラン・リアル（1イラン・リアル＝約0.003円）

国内総生産／GDP
約44兆2,460億円（世界27位）

FIFAランキング 34位

サッカー人口
180万6,544人

アジアカップ
出場 13回
最高成績 優勝（3回）

代表チーム愛称
チーム・メッリ
（国民のチーム）

W杯
出場 4回　最高成績 GS敗退

1930	1934	1938	1950	1954
1958	1962	1966	1970	1974
1978	1982	1986	1990	1994
1998	2002	**2006**	2010	**2014**

1 ペルシャ帝国の都 ペルセポリス
かつて世界の中心とよばれたアケメネス朝ペルシャの都ペルセポリス。歴代王の宮殿跡など壮大な建築群が現在も残っており、世界遺産に登録されている。

2 世界中を魅了する ペルシャ絨毯
ペルシャ文化、芸術を代表する優れた工芸品であるペルシャ絨毯。すべて手織りのため同じものは二つとなく、その品質の高さと文様の美しさで世界中を魅了している。

3 日本ともつながった シルクロードの中継点
シルクロードの中継点として栄えたペルシャ。日本にもその文化は伝わっており、奈良の正倉院にあるガラスの器『白瑠璃碗』は、ペルシャ帝国から渡ってきた品だ。

4 屈強さの秘密 アーリア人
イランという国名は『アーリア人の国』という意味。アーリア人とは現在のイランやインド北部などに多く住む人種で、DNA的にはヨーロッパの人々に近い。

IRAN
イラン・イスラム共和国

ASIA 111

ペルシャから世界へと広がっていったものはたくさんある。『サントゥール』という打弦楽器は、ヨーロッパに伝わってピアノのルーツになったと言われている。

ピアノの起源となった打弦楽器サントゥール

国旗 中央には国章が記され、上下には『アラー（神）は偉大なり』とコーランの言葉が22回書かれている。

国章 信仰を表すサーベルと4つの三日月という5つで構成され、イスラムの5原則を象徴する。

サッカー協会 2010年、各国協会に新年のあいさつメールを送る際、敵対するイスラエルの協会に誤送信も、返信がきたという。

主なクラブ

エステグラルFC
富裕層や旧王族派を中心に、2,000万人以上のファンを持っている。

ペルセポリス FC
最大のライバル・エステグラルFC戦は『テヘランダービー』とよばれる。

フーラード・モバラケ・セパハンSC
2007年のアジアチャンピオンズリーグでは決勝で浦和に敗れ、準優勝だった。

ゾブ・アハン・エスファハーンFC
大手鉄鋼会社がスポンサー。2010年のアジアチャンピオンズリーグ準優勝。

トラクター・サジ・タブリーズFC
イラン屈指の人気クラブの一つ。隣国のトルコやアゼルバイジャンにもファンが多い。

フーラード・フーゼスターンFC
『フーラード』はペルシャ語で『鉄鋼』。イラン屈指の下部組織を持つ。

サイパFC
イランの自動車会社が設立。かつてはピエール・リトバルスキーも指揮した。

---

5 圧倒的強さでW杯出場 現在のアジア最強国
ロシアW杯アジア最終予選では、韓国やウズベキスタンと同居するグループAを10戦負けなし、2失点という圧倒的な強さで勝ち抜き、首位突破を決めた。

6 フットサルのアジア絶対王者
イランはフットサルも盛ん。アジア選手権では全14大会中11大会で優勝しているアジアフットサル界の絶対王者だ。ちなみに残りの3回は日本が優勝している。

7 荘厳で美しいイスラム教のモスク
イスラム教シーア派が国教のイラン。美しいモスクがあるイスファハンのイマーム広場は、その荘厳さから、かつて「ここには世界の半分がある」と言われたこともある。

8 ヒジャーブを被るイラン女子代表
近年は女子サッカーも盛んになってきたイランだが、女子代表は試合中もイスラム教の教えを守り、ヒジャーブとよばれる布で頭や体を覆ってプレーする。

SAUDI A

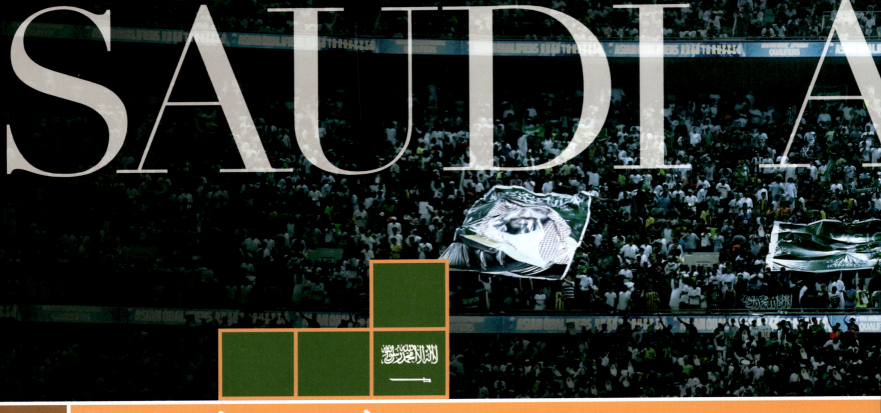

ASIA 112 サウジアラビア

王族も支援する アラブの産油国のサッカー

サウジアラビアという国名はアラビア語で『サウード家によるアラビアの王国』を意味し、サウード王家が絶対的な力を持つ国家だ。国の要職は王族が独占し、王族の数が世界最大としてギネスブックに登録されてもいる。また、石油の生産量世界2位、輸出量世界1位を誇る石油大国。日本の石油輸入も3割以上がサウジアラビアからだ。こうした国の特徴は、サッカーにも強く影響している。たとえば王族がチケットを買い占め、国民に無料配布して試合を盛り上げることがある。代表チームの監督を選ぶときも大きな影響力を持つ。また、石油による豊富な資金力を背景に国内リーグの待遇が良いため、ほとんどの選手は国内でプレーしている。

日本との時差 -6時間 サマータイムは未採用

人口 3,215万8,000人

言語 アラビア語

住民 アラブ人、南アジアからの労働者ら

日本からの距離 約8,700km（飛行機で約15時間）

首都・リヤド 石油の富で発展するアラビア半島最大の都市

面積 220万6,714平方km（日本の約5.7倍）

通貨 サウジ・リヤル（1サウジ・リヤル＝約30円）

国内総生産／GDP 約72兆6,988億円（世界20位）

FIFAランキング 63位

サッカー人口 43万8,644人

アジアカップ 出場 9回 最高成績 優勝（3回）

代表チーム愛称 グリーン・ファルコンズ

W杯 出場 4回 最高成績 ベスト16

1930	1934	1938	1950	1954
1958	1962	1966	1970	1974
1978	1982	1986	1990	**1994**
1998	**2002**	**2006**	2010	2014

1 サウード王家による絶対君主制の国

現在のサルマン国王は第7代。近年は行政や立法の仕組みが整えられつつあるが、以前は内閣も議会も存在せず、国王の命令が絶対的な権限を持っていた。

2 王子による日本戦のチケット無料配布

ロシアW杯出場をかけた最終予選の日本戦では、王子がチケットを買い占め、国民に無料配布。ファンに埋め尽くされたスタジアムで、日本に勝ってW杯出場を決めた。

3 石油大国サウジアラビアは国の収入の80％が石油

石油の埋蔵量世界2位、生産量世界2位、輸出量世界1位を誇る石油大国サウジアラビア。国家の収入のおよそ80％が石油によって生まれているという。

4 石油マネーで潤うアジアの強豪リーグ

高待遇のため代表選手はほとんど海外移籍をせず、豊富な資金でヨーロッパから優秀な選手を獲得。アル・ヒラルFCやアル・イテハドFCなどはアジアトップレベル。

SAUDI ARABIA
サウジアラビア王国

ASIA 113

ナツメヤシの実
ナツメヤシの実はデーツとよばれ、北アフリカや中東では主要な食品の1つ。豊富なビタミンCが含まれていて、そのまま食べたり、ジャムやゼリーにしたりする。

国旗 『神はアラーのほかになくムハンマドは神の使徒なり』という言葉の下に、聖地を守護する新月刀。

国章 交差した新月刀は正義や信仰、イスラムの守護を、椰子の木は農業・オアシス・生命力・成長などを表す。

サッカー協会 第3代国王ファイサルの長男アブドゥラー・ビン・ファイサル・アル・サウード王子が設立した。

主なクラブ

 アル・シャバブFC
人気ではアル・ヒラルFC、アル・ナスルSCに劣るが、首都最初のクラブ。

 アル・イテハドFC
アジアチャンピオンズリーグ2回、国内8回の優勝。アジアを代表する強豪。

 アル・ヒラルFC
国内最多14回の優勝。2017年のアジアチャンピオンズリーグは決勝に進出。

 アル・ナスルSC
ナスルは『勝利』という意味。アル・ヒラルFC戦は『リヤドダービー』とよぶ。

 アル・アハリFC
2016年にリーグ優勝を果たした、国内ビッグクラブのうちの一つ。

 アル・イテファクFC
イテファクは『協力、提携』という意味。国内で初めて無敗優勝したクラブ。

5 広大な砂漠と海水を真水に変える技術
国土のほとんどが砂漠で主要都市に人口の80%が集中。都市部ではオアシスや地下水だけでは水が足りないため、海水を真水に変える世界最大級の装置が稼働している。

6 『砂漠のマラドーナ』アメリカW杯ベスト16
1994年アメリカW杯では、『砂漠のマラドーナ』とよばれたサイード・オワイランが、約60mをドリブルで独走してゴールを決めるなど大活躍。ベスト16に進出した。

7 ムハンマドの出生地 聖地メッカ有するイスラム教国
厳しい戒律で原則的に女性と男性は完全に区別。女性による自動車の運転も世界で唯一禁止されてきたが、2017年9月26日にサルマン国王が運転を許可する指令を出した。

8 発展する街並みと観光ビザ解禁
これまでは巡礼、就労以外ではなかなか入国が許されず、日本から観光に行くのは難しかったが、2017年に入国条件が緩和。サウジアラビアも変化してきている。

ASIA 114 オーストラリア

イギリスの影響が濃い
多文化一枚岩の国

一つの大陸がそのまま一つの国となっているオーストラリア。周囲を海に囲まれ、中心部には広大な砂漠が広がり、熱帯雨林や巨大な一枚岩がある。1770年、そんな自然豊かな大陸に、イギリス人探検家ジェームズ・クックが到達した。以降、多くのイギリス人が移り住み、世界各国から移民もやってきた。多人種多文化が結束して現代のオーストラリアは形成されている。イギリス人労働者から広まったサッカーにおいては、その影響を受けたキック＆ラッシュが伝統スタイル。もともと人種、言語などが多様なため、海外への移籍も盛んで、ヨーロッパで活躍する選手も多い。2006年にはアジアサッカー連盟に加盟し、2015年にはアジア王者にもなった。

日本との時差

＋1時間
サマータイムは＋2時間

人口
2,430万9,000人

言語
英語

住民
大半は欧州系白人。アジア系、中東系など。アボリジニなど先住民は3％

日本からの距離

約6,900km
（飛行機で約9時間）

首都・キャンベラ

シドニーとメルボルンの首都争いの末に建設

面積

769万2,024平方km
（日本の約20倍）

通貨
オーストラリア・ドル（1オーストラリア・ドル＝約88円）

国内総生産／GDP
約134兆6,993億円（世界14位）

FIFAランキング 43位

サッカー人口	W杯
97万728人	出場 4回　最高成績 ベスト16

アジアカップ
出場 3回　最高成績 優勝

代表チーム愛称
サッカルーズ

1930	1934	1938	1950	1954
1958	1962	1966	1970	**1974**
1978	1982	1986	1990	1994
1998	2002	**2006**	**2010**	**2014**

1　大陸＝国家　美しい海に囲まれた国
大陸全体で一つの国を形成するオーストラリアは周囲を海に囲まれている。ゴールドコーストの美しいビーチや、グレート・バリア・リーフのサンゴ礁は観光客にも大人気。

2　『大地のへそ』　一枚岩エアーズロック
オーストラリアの中央部に位置する世界最大級の一枚岩。『大地のへそ』ともよばれ、世界遺産に登録されている。先住民アボリジニの聖地で『ウルル』ともよばれる。

3　オーストラリア上陸　クック船長
1606年にオランダ人が初めて到達。北部に上陸したが、植民地に向かないと判断した。その後、1770年にイギリス人探検家ジェームズ・クックがシドニー郊外に上陸。

4　オセアニア最大　世界都市シドニー
クック船長の上陸後、多くのイギリス人が入植。オセアニア最大の人口を有する近代的な世界都市に発展したシドニーは、独創的なオペラハウスなど観光も人気だ。

AUSTRALIA
オーストラリア連邦

ASIA 115

代表チームの愛称はカンガルーが由来

外界と離れた大陸のため、コアラやカンガルー、カモノハシなど独自の進化を遂げた動物が多いオーストラリア。代表チームの愛称『サッカルーズ』の由来もカンガルーだ。

国旗 左上はイギリスとのつながり、大きな七角星は連邦、四つの七角星と一つの五角星は南十字星を示す。

国章 1912年にイギリスから贈られた。前進しかしない動物であるカンガルーとエミューが描かれる。

サッカー協会 2000年代初頭から改革に着手。2005年にAリーグが発足し、現在は代表チームのスタイルも変化しつつある。

主なクラブ

 シドニーFC
過去には三浦知良やアレッサンドロ・デル・ピエロもプレーした。

 メルボルン・ビクトリーFC
シドニーFCやブリスベン・ロアーFCと並び、国内最多3度の優勝を誇る。

 **メルボルン・シティFC**
2010-11シーズンに参入の新興クラブ。シティ・フットボール・グループの一つ。

 ブリスベン・ロアーFC
Aリーグで唯一ファイナルシリーズ連覇を成し遂げた経験がある強豪。

 パース・グローリーFC
西オーストラリア唯一のクラブ。過去には永井龍もプレーした。

 アデレード・ユナイテッドFC
2008年のアジアチャンピオンズリーグでは決勝でG大阪に敗れ準優勝。

 ウェスタン・シドニー・ワンダラーズFC
2014年にアジア王者に輝いた強豪。過去に小野伸二、髙萩洋次郎らが所属。

5 ゴールドラッシュ 世界中から移民が到来
1850年代の金鉱発見以降、黄金の魅力に憑かれた人々が世界中から集まり、人口が爆発的に増加。この時期にイギリス人鉱山労働者からサッカーが伝わったといわれている。

6 イギリス仕込みのスタイル キック&ラッシュ
イギリス仕込みのキック&ラッシュがオーストラリアの伝統的なスタイル。日本を何度も苦しめてきたティム・ケーヒルを始め、空中戦に強いストライカーを多く輩出。

7 サッカーから見る 多人種多文化の風土
元イタリア代表の大型ストライカーであるクリスティアン・ビエリはイタリア生まれ、オーストラリア育ちの2重国籍で、イタリア代表を選んだ。

8 2006年にAFCに加盟 日本との激闘の数々
オセアニアサッカー連盟を脱退し、2006年にアジアサッカー連盟に加盟。以降、南アフリカ、ブラジル、ロシアとこれまでのW杯予選で日本と激闘を重ねてきた。

WORLD CUP

グループA

RUSSIA ロシア
FIFAランキング **65位**
FWフョードル・スモロフ
開催国ロシアのエース。ロシア・プレミアリーグで2年連続得点王に。

SAUDI ARABIA サウジアラビア
FIFAランキング **63位**
FWモハメド・アルサフラウィ
サウジアラビア躍進のカギを握るストライカー。ここぞの場面で決めてくれる。

EGYPT エジプト
FIFAランキング **30位**
FWモハメド・サラー
エジプトのスピードスター。積極的なドリブルから相手ゴールに迫っていく。

URUGUAY ウルグアイ
FIFAランキング **17位**
FWルイス・スアレス
南米のゴールハンター。FCバルセロナではメッシとコンビを組んで活躍。

グループB

PORTUGAL ポルトガル
FIFAランキング **3位**
FWクリスティアーノ・ロナウド
鍛え抜かれた体と圧倒的なスピード、そして正確な技術を持つスーパースター。

SPAIN スペイン
FIFAランキング **8位**
MFアンドレス・イニエスタ
高いボールコントロール力が武器。スペイン代表の黄金時代を創った一人。

MOROCCO モロッコ
FIFAランキング **48位**
DFメディ・ベナティア
モロッコの中心選手であり最終ラインの要。イタリアのユベントスに所属。

IRAN イラン
FIFAランキング **34位**
MFアシュカン・デジャガ
フィジカルが強く技術もあるアタッカー。イランで生まれ、ドイツで育った。

グループC

FRANCE フランス
FIFAランキング **7位**
FWアントワーヌ・グリーズマン
2016年のバロンドール投票ではクリスティアーノ・ロナウド、メッシに次ぐ3位になった。

AUSTRALIA オーストラリア
FIFAランキング **43位**
FWティム・ケーヒル
代表戦に100試合以上出場している大ベテラン。ヘディングシュートが得意。

PERU ペルー
FIFAランキング **10位**
MFジェフェルソン・ファルファン
右サイドからチャンスを作るアタッカー。得点力も高くFWを務めることも。

DENMARK デンマーク
FIFAランキング **19位**
MFクリスティアン・エリクセン
評価急上昇中の攻撃的MF。トッテナムではハリー・ケインとコンビを組む。

グループD

ARGENTINA アルゼンチン
FIFAランキング **4位**
FWリオネル・メッシ
ドリブル、パス、シュートのどれもがパーフェクト。2014年W杯のMVP。

ICELAND アイスランド
FIFAランキング **21位**
MFアーロン・グンナルソン
W杯初出場のアイスランドをまとめるキャプテン。ロングスローも投げる。

CROATIA クロアチア
FIFAランキング **18位**
MFルカ・モドリッチ
安定感抜群のゲームメーカー。レアル・マドリードでも10番を背負う。

NIGERIA ナイジェリア
FIFAランキング **41位**
FWビクター・モーゼス
サイドでのプレーを得意とする『スーパーイーグルス』の高速ウイング。

グループE

BRAZIL ブラジル
FIFAランキング **2位**
FWネイマール
サッカー王国が誇るテクニシャン。巧みな技術で相手をかわしゴールを決める。

SWITZERLAND スイス
FIFAランキング **11位**
MFグラニト・ジャカ
正確なパスでゲームの流れを作る。両親はアルバニア人だがスイス代表を選択。

COSTA RICA コスタリカ
FIFAランキング **22位**
FWブライアン・ルイス
コスタリカの鋭いカウンター攻撃を操る中心選手。自らゴールも奪う。

SERBIA セルビア
FIFAランキング **38位**
MFネマニャ・マティッチ
セルビアの要。194cmの高い身長と柔らかいボールさばきで存在感を放つ。

2018 ロシアW杯、どこが勝ち上がる?

2018年6月に開催されるロシアW杯は、出場する32カ国が8つのグループに別れてリーグ戦を行い、上位2カ国が決勝トーナメントに進出する。さあ、どこの国が勝ち上がるのか、予想してみよう。

※FIFAランクは2017年10月時点

グループF

GERMANY ドイツ

FIFAランキング 1位
MFメスト・エジル
創造性豊かなプレーで試合を盛り上げる世界トップクラスのゲームメーカー。

MEXICO メキシコ

FIFAランキング 16位
FWハビエル・エルナンデス
得点感覚抜群のエース。ニックネームは『チチャリート(小さなえんどう豆)』。

SWEDEN スウェーデン

FIFAランキング 25位
MFエミル・フォルスベリ
豊富な運動量で攻守に貢献するアタッカー。今大会でのブレイク候補の一人。

KOREA REPUBLIC 韓国

FIFAランキング 62位
MFソン・フンミン
イングランド・プレミアリーグでのアジア人最多得点記録を持つアタッカー。

グループG

BELGIUM ベルギー

FIFAランキング 5位
MFエデン・アザール
切れ味鋭いドリブルが持ち味のアタッカーで、ベルギー代表のキャプテン。

PANAMA パナマ

FIFAランキング 49位
DFフェリペ・バロイ
2001年からパナマ代表に選ばれ続けている大ベテラン。2018年で37歳に。

TUNISIA チュニジア

FIFAランキング 28位
DFアイメン・アブデヌール
1対1の守備が強いDF。フランスのオリンピック・マルセイユで活躍。

ENGLAND イングランド

FIFAランキング 12位
FWハリー・ケイン
イングランドの新エース。重戦車のように力強く相手ゴールに迫り得点を奪う。

グループH

POLAND ポーランド

FIFAランキング 6位
FWロベルト・レバンドフスキ
世界トップレベルのストライカー。左右両足で強烈なシュートを放つ。

SENEGAL セネガル

FIFAランキング 32位
FWサディオ・マネ
イングランド・プレミアリーグで史上最速3分間でのハットトリックを記録。

COLOMBIA コロンビア

FIFAランキング 13位
MFハメス・ロドリゲス
2014年W杯の日本戦で華麗なループシュートを決めたテクニシャン。

JAPAN 日本

FIFAランキング 44位
FW本田圭佑
日本の大黒柱。プレーではもちろんのこと、強い精神力でチームを引っ張る。

決勝トーナメント

3位決定戦

FIFA WORLD CUP RUSSIA 2018

特別メッセージ

田嶋 幸三
公益財団法人日本サッカー協会会長／国際サッカー連盟(FIFA)理事

子どもたちが世界に夢を馳せるきっかけに

　国際サッカー連盟（FIFA）に加盟する国と地域は211。国連（国際連合）の加盟国よりも多く、この数字を見てもサッカーが世界で最も愛されているスポーツだということが分かるでしょう。

　本書は、FIFAワールドカップロシア大会に出場する32カ国のさまざまな情報が満載されています。その国のサッカーの歴史はもちろん、産業や名所旧跡、特産物など、その国の魅力や特徴がひと目で分かり、もっともっと世界を知りたくなります。

　将来、海外のトップリーグでプレーしたいと思っている選手の皆さんはもちろん、サッカーをしていない方も、目指す分野で世界に夢を馳せるきっかけになると思います。

　本書が、夢の実現の第一歩になるかもしれません。

田嶋 幸三（たしま・こうぞう）
1957年11月21日生まれ。熊本県出身。浦和南高、筑波大と進学、卒業後に古河電気工業株式会社に入社し、サッカー部でプレー。日本代表FWとしても活躍した。現役引退後は西ドイツ（当時）で指導者資格B級ライセンスを取得。帰国後に大学サッカー部や育成年代の代表チームで後進の指導にあたり、2001年にU-17日本代表監督としてFIFA U-17ワールドカップに出場。その後日本サッカー協会の技術委員長、理事、副会長を歴任し、2015年に国際サッカー連盟（FIFA）理事、2016年に日本サッカー協会会長に就任した。

親子で学ぶサッカー世界図鑑 ロシアW杯編
2017年12月14日　初版第1刷発行

発行人	山田　泰
発行所	株式会社スクワッド 〒150-0011 東京都渋谷区東1丁目26-20 東京建物東渋谷ビル別棟 お問い合わせ　0120-67-4946
印刷	凸版印刷株式会社
編集・執筆	寺嶋朋也、横川僚平、川瀬太補、池田博一
デザイン	山内卓也
写真	Getty Images、AFLO、UNIPHOTO PRESS、德丸 篤史
主要参考文献	共同通信社（2017年）『共同年鑑2017』／片野優、須貝典子（2014年）『国民気質で見るサッカーW杯』ベースボール・マガジン社／いとうやまね（2013年）『フットボールde大合唱』東邦出版／サッカーマニア・ラボ（2014年）『図解 ワールドカップで世界がわかる！』PHP研究所／Dorling Kindersley（2003年）『Picture Atlas』／外務省ホームページ『わかる！国際情勢』／各国大使館ホームページ／各国政府観光局ホームページ

※各国基礎データは共同通信社『共同年鑑2017』、外務省ホームページより引用。イングランドの基礎データはイギリス国家統計局のホームページより引用。各国GDPはTHE WORLD BANK『GDP RANKING』より引用。サッカー人口はFIFA『Big Count 2006』より引用。FIFAランクは2017年10月16日発表のもの。

© SQUAD Co.,Ltd.2017　Printed in Japan　ISBN978-4-908324-21-5
本文、写真等の無断転載、複製を禁じます。落丁、乱丁本はお取替えいたします。